blue notes
18

Das Meer hat viele Schriftstellerinnen inspiriert.
Das Rauschen der Brandung, der Geruch des Tangs, der Blick auf das unendliche Blau, der Geschmack des feuchten Salzes, der »Atem des Meeres«, wie es Sylvia Plath nennt, und die ewige Vergänglichkeit der Wellen wecken Erinnerungen, Sehnsüchte, beflügeln die Phantasie. Die See als Spiegelung menschlicher Gefühle erscheint als Ort der Kindheit, der Heimat, der Geborgenheit, der Liebe und des Glücks. Oder als Ort der Verwandlung und Wildheit, der Bedrohung und des Todes. Die Sehnsucht nach dem Meer behält grenzübergreifend ihre Ambivalenz in den Erzählungen und Gedichten.

Die hier ausgewählten Schriftstellerinnen – aus Deutschland, Frankreich, Großbritannien, Österreich, Russland, Nicaragua und den Vereinigten Staaten – haben ein besonderes Verhältnis zum Meer. Einige von ihnen, so Anna Achmatowa, Katherine Mansfield und Sylvia Plath, sind am Meer geboren und aufgewachsen, andere haben das Meer während des Urlaubs entdeckt, wie Marina Zwetajewa, Ingeborg Bachmann und Marie Luise Kaschnitz, Colette und Benoîte Groult. Die beiden letzteren genießen das Fangen von Fischen und Krustentieren, immer »auf der Lauer nach dem magischen Augenblick, in dem das Meer seine Wunder offenbaren wird«. Sie verbinden intensive Momente und Kindheitserlebnisse mit dem Meer.

Eine »ruhige Fläche aus blassem Blau« oder auch »aschige Strände voller Quallen« bilden die Kulisse für den Alltag von Menschen in den Texten von Undine Gruenter und Annette Pehnt – dort sind Öde und Einsamkeit verortet. Mit Liebe, Spiel und Sehnsucht ist das Meer dagegen in den Texten von Anna Achmatowa, Gioconda Belli, Rose Ausländer und Marie Luise Kaschnitz verbunden.

Alle Schriftstellerinnen haben eine sinnliche Wahrnehmung vom Wasser. Auf unterschiedliche Weise – spielerisch oder sehnsüchtig, niemals anmaßend – vermitteln sie uns ihre tiefe Zuneigung zum Meer.

Am Meer

Erzählungen und Gedichte

Herausgegeben von Florence Hervé

edition ebersbach

INHALT

SYLVIA PLATH
Ocean 1212-W 9

MARINA ZWETAJEWA
Einen schuf er aus Stein 25

ANNETTE PEHNT
Insel 34 29

ROSE AUSLÄNDER
Auf einer Insel 51

COLETTE
Am Strand 55

MARIE LUISE KASCHNITZ
Am Strande 69

KATHERINE MANSFIELD
Flitterwochen 73

GIOCONDA BELLI
Im Aquarium der Liebe 85

BENOÎTE GROULT
Die Silbermöwe 89

INGEBORG BACHMANN
Die große Fracht 95

UNDINE GRUENTER
Aussicht mit Haarnadeln 99

ANNA ACHMATOWA
Mit dem Morgengrauen erwachen 115

Zu den Autorinnen 119

Quellen 124

Sylvia Plath

Ocean 1212-W

Die Landschaft meiner Kindheit war nicht Land, sondern das Ende vom Land – die kalten, salzigen, rollenden Hügel des Atlantik. Manchmal denke ich, daß mein Bild vom Meer das Klarste ist, was ich besitze. Ich trage es in mir, verbannt, wie ich bin, wie die purpurnen weißumrandeten Glückssteine oder die blauschaligen Muscheln, deren Inneres regenbogenfarben schimmert wie die Fingernägel von Engeln; und in einer Welle der Erinnerung werden die Farben tiefer und glänzend, die frühe Welt holt Atem.

Atem, das ist das erste. Etwas atmet. Mein Atem? Der meiner Mutter? Nein, etwas anderes, etwas Größeres, Ferneres, sehr Ernstes, sehr Erschöpftes. Mit geschlossenen Augen lasse ich mich dahintreiben – ich bin ein kleiner Schiffskapitän, der den Finger in die Luft hält, um zu prüfen, woher der Wind weht – donnernde Angriffe auf die Ufermauer, ein Schauer von Hagelkörnern über Mutters tapferen Geranienstöcken oder das einlullende Gesäusel eines vollen, spiegelnden Teiches, der träge und freundlich die Quarzkiesel am Rande bewegt, wie eine über ihren Juwelen brütende Dame. Vielleicht prasselt Regen gegen die Fensterscheiben, oder der Wind seufzt und fährt in die Ritzen des Hauses, als wolle er es von allen Seiten aufschließen.

Davon ließ ich mich nicht täuschen. Der mütterliche Pulsschlag der See spottete über solcherlei Fälschungen. Wie eine unergründliche Frau verbarg sie vieles; die See hat viele Gesichter, viele zarte, schreckliche Schleier. Sie spricht von Wundern und Weiten, wenn sie sich bemühen würde, könnte sie auch töten. Als ich zu krabbeln begann, setzte mich meine Mutter an den Strand, um zu sehen, welchen Eindruck die See auf mich machte. Ich kroch direkt auf die ankommende Welle zu und hatte eben die grüne Wand durchbrochen, als sie mich an den Fersen festhielt. Ich habe mich oft gefragt, was geschehen wäre, wenn es mir gelungen wäre, den Spiegel zu durchdringen. Hätten meine Säuglingskiemen das Salz in mein Blut aufgenommen? Zu der Zeit glaubte ich weder an Gott noch an den Weihnachtsmann, sondern an Seejungfern. Sie waren für mich genauso folgerichtig und wahrhaftig wie die zerbrechliche Rute des Seepferdchens im Zoo-Aquarium oder wie die Rochen, die an den Angelschnüren der fluchenden Sonntagsfischer zerrten – Rochen, die wie alte Kopfkissenbezüge aussahen, mit vollen, scheuen Frauenlippen.

Und in meiner Erinnerung ist das Bild enthalten, wie meine Mutter, selbst eine Tochter des Meeres, mir und meinem jüngeren Bruder aus Matthew Arnolds Gedicht »Der verlassene Wassergeist« vorlas:

In sandbedeckten Grotten, kühl und tief,
in denen aller Wind längst schlief,

erloschenes Licht noch glimmt und bebt.
Wo Seetang in der Strömung schwebt,
die Seeungeheuer sich ordnen zum Rund,
und äsen auf schlammigem Weidegrund,
in denen sich Seeschlangen ranken und schwärmen
den Panzer trocknen, im Meer sich wärmen,
wo das ewige Auge der Wale glimmt,
wenn es segelnd vorüber schwimmt und schwimmt,
rund um die Welt; nie Abschied nimmt.

Ich sah die Gänsehaut auf meinen Armen. Ich wußte nicht, woher sie kam. Mir war nicht kalt. Hatte ein Geist sie gestreift? Nein, es war die Dichtung. Ein Funke von Arnold war auf mich übergesprungen und schüttelte mich wie ein Fieberschauer. Ich hätte am liebsten geweint, so merkwürdig war mir zumute. Ein neuer Pfad zum Glück hatte sich mir geöffnet.

Ab und an, wenn mich die Sehnsucht nach dem Meer meiner Kindheit überkommt – nach den jämmerlichen Schreien der Möwen und dem Geruch von Salz, dann packt mich irgendein Besorgter ins Auto und bringt mich zum nächsten salzigen Horizont. Immerhin gibt es in England keinen Ort, der – wieviel? – mehr als siebzig Meilen vom Meer entfernt ist. »Guck«, sagt man mir dann, »da ist es.« Als ob das Meer eine große Auster wäre, die immer gleich schmeckend in jedem beliebigen Restaurant der Welt serviert werden könnte. Ich steige aus dem Auto, strecke mich und schnuppere. Das Meer.

Aber dies ist nicht das Meer, dies wahrlich nicht. Da stimmt als erstes die Umgebung überhaupt nicht. Wo ist denn der graue Daumen des Wasserturms ganz links und die sichelförmige Sandbank darunter, die eigentlich eine Steinbank ist, und das Deer Island Gefängnis an der äußersten Landspitze ganz rechts? Die Straße, die ich kannte, kurvte in die Wellen, zu einer Seite den Ozean, zur anderen die Bucht; und auf halbem Weg stand das Haus meiner Großmutter, mit seinen Fenstern nach Osten, in die volle rote Sonne und die Lichter des Meeres schauend.

Noch heute weiß ich ihre Telephonnummer: Ocean 1212-W. Immer und immer wieder sagte ich sie der Telephonvermittlung, von unserem Haus am stillen Teil der Bucht, es war meine Zauberformel, mein Gedicht, und ich erhoffte, daß der schwarze Hörer mir, wie eine Muschel, das säuselnde Murmeln des Meeres, zusammen mit dem ›Hallo‹ meiner Großmutter, zurückgäbe.

Und den Atem des Meeres. Sein Licht. War es ein riesiges, strahlendes Tier? Sogar mit geschlossenen Augen konnte ich spüren, daß sich der Schimmer seines glänzenden Spiegels wie ein Netz auf meine Lider legte. Ich lag in einer Wiege von Wellen, und das glitzrige Meer fand die Ritzen in der dunkelgrünen Jalousie und spielte und tanzte, zitterte und verweilte.

Während des Mittagsschlafs schnellte ich mit meinem Fingernagel über die hohlen Messingstäbe meines Bettes, um deren Klang zu lauschen, und in einem überraschenden Anfall von Entdeckerfreude fiel mir die Nahtstelle der neuen Rosentapete ins Auge, und der gleiche neugierige Fingernagel pulte ein großes Stück nackter Wand frei. Ich wurde deshalb ausgeschimpft und sogar verhauen, bis mein Großvater mich den häuslichen Rachegöttinnen entriß und zu einem langen Strandspaziergang über Berge wackliger, rutschender, roter Steine mitnahm.

Meine Mutter ist in dem gleichen meerumspülten Haus geboren und aufgewachsen; sie erinnert sich noch, daß die Leute aus der Stadt in dem von den Wellen angeschwemmten Strandgut herumstocherten – Teekessel, klatschnasse Stoffbündel, einzelne, traurige Schuhe, aber nie, da war sie sicher, ein ertrunkener Matrose. Die haben wohl ihr Seemannsgrab direkt gefunden. Aber was könnte uns das Meer sonst noch vermachen? Ich gab die Hoffnung nicht auf. Braune und grüne Glasscherben fanden sich häufig, rar waren die roten und die blauen: Ob es die Positionslampen zerschmetterter Schiffe waren? Oder die vom Meer zerbrochenen Reste von Bier- und Whiskyflaschen? Schwer zu sagen.

Ich denke, das Meer hat Dutzende von Teegeschirren verschlungen, die entweder aus aufgegebenen Dampfern geworfen oder von sitzengelassenen Bräuten den Fluten anheimgegeben wurden. Ich sammelte Porzellanscherben mit Borten von Rittersporn und Vögeln oder geflochtenen Gänseblümchen. Niemals hatte ich zwei zusammenpassende Muster.

Eines Tages brannten sich die Gefüge des Strandes für immer in die Netzhaut meiner Augen ein. Heißer April. Ich wärmte mir auf den glimmerglitzernden Steintreppen, die zum Haus meiner Großmutter führten, den Po und starrte abwesend auf die Elster aus Kieselsteinen, fächerförmigen Muscheln und bunten Glassteinchen an der Hauswand. Meine Mutter war im Krankenhaus. Seit drei Wochen. Ich schmollte. Ich wollte nichts unternehmen. Sie hatte mich im Stich gelassen und in meinen Himmel ein schwelendes Loch geschlagen. Wie konnte sie, die sonst so liebevoll und treu war, mich so einfach verlassen? Voller Schwung und mit unterdrückter Erregung knuffte meine Großmutter auf ihrem Brotteig herum. Sie würde mir nichts sagen, Wienerin und altmodisch, wie sie war. Sie spitzte nur die Lippen. Dann ließ sie sich letztlich doch erweichen. Ich würde eine Überraschung erleben, wenn Mutter zurückkäme. Es wäre etwas sehr Schönes. Es wäre – ein Baby.

Ein Baby.

Ich haßte Babys. Zweieinhalb Jahre lang war ich der Mittelpunkt einer zärtlichen Welt gewesen, und plötzlich drehte sich die Erdachse mit einem Ruck, und ein eisiger Frost ließ mich bis in die Knochen erstarren. Ich würde nur noch Zuschauer sein, ein Riese aus dem Museum. Babys!

Sogar meinem Großvater auf der Glasveranda gelang es nicht, mich aus meinem unermeßlichen Trübsinn zu locken. Ich lehnte ab, seine Pfeife im Gummibaum zu verstecken, um ihn in einen Pfeifenbaum zu verwandeln. Auf seinen Turnschuhen schlich er davon, gekränkt, aber pfeifend. Ich wartete, bis seine Gestalt den Water Tower Hill umrundet hatte und in Richtung Seepromenade verschwunden war. Trotz des milden Wetters waren dort die Eis- und Imbißbuden noch geschlossen. Sein melodisches Pfeifen sollte mich zu Abenteuern und zum Vergessen verlocken. Aber ich wollte nicht vergessen. Zäh hielt ich an meinem Groll fest, der häßlich und stachlig war, ein trauriger Seeigel, und stapfte allein in die entgegengesetzte Richtung auf das angsteinflößende Gefängnis zu. Wie von einem Stern sah ich, kalt und nüchtern, daß jedes und alles für sich allein stand. Ich spürte meine Haut wie eine Mauer: Ich bin ich. Der Stein da ist der Stein. Meine schöne Verschmelzung mit den Dingen dieser Welt war vorbei.

Die Flut wich, zog sich in sich selbst zurück. Dort stand ich, eine Verschmähte, zwischen trocknem, schwarzem Seetang, dessen harte Perlen ich gerne aufplatzen ließ, zwischen ausgehöhlten Orangen- und Grapefruithälften und dem ganzen Muschelmüll. Ganz plötzlich, alt und einsam, sah ich alles – Messerscheidenmuscheln, Feenboote, klapprige Miesmuscheln, die graue, pockennarbige Borte der Austern (nie war eine Perle drin) und die winzigen weißen »Eiswaffeltüten«. Jedem war klar, wo es die besten Muscheln gab – am Rand der letzten teergesäumten Welle. Ohne Gefühl hob ich einen steifen rosa Seestern auf. Er lag in der Mitte meiner Hand und war nichts als deren lächerliche Wiederholung. Ich hatte manchmal Seesterne in Marmeladengläsern mit Salzwasser gepflegt, bis ein verlorener Arm nachgewachsen war.

An diesem Tag, diesem schrecklichen Geburtstag des Andersseins, schleuderte mein Rivale, irgend jemand anderes, den Seestern gegen einen Stein. Sollte er doch drauf gehen. Er hatte keinen Verstand.

Ich stieß mit dem Zeh gegen die runden, stumpfen Steine. Sie blieben ungerührt. Es war ihnen gleichgültig. Ich nahm an, sie seien glücklich. Das Meer wirbelte ins Nichts, in den Himmel – an diesem windstillen Tag gab es keine Trennung zwischen Himmel und Meer. Ich wußte aus der Schule, daß das Meer sich wie ein blauer Mantel über die Wölbung der Erdkugel breitet, aber mein Wissen verband sich irgendwie nie mit dem, was ich sah – Wasser, das sich halb in die Luft hebt, ein glatter, glasiger Glanz, mit den Schneckenspuren von Dampfern an den Rändern. Für mich kreisten sie immer um diese Linien. Was lag dahinter? »Spanien«, hatte mein eulenäugiger Freund Harry Bean gesagt. Doch die begrenzte Landkarte meines Kopfes konnte das nicht auch noch aufnehmen. Spanien. Mantillas und goldene Schlösser und Stiere. Meerjungfrauen auf Felsen, Schatztruhen, all das Phantastische, von dem mir die unermüdlich fressende und wühlende See jeden Moment ein Stückchen vor die Füße schwemmen konnte. Als ein Zeichen.

Ein Zeichen? Wofür?

Ein Zeichen, das mir bedeutete, auserwählt und etwas Besonderes zu sein. Ein Zeichen, das mir die Sicherheit gab, nicht auf ewig verstoßen zu sein. Und ich sah ein Zeichen. Aus der weichen, noch glänzenden Masse von Tang, aus dem ein feuchter, frischer Geruch stieg, reckte sich eine kleine, braune Hand. Was konnte das sein? Was wünschte ich zu finden? Eine Meerjungfrau? Eine spanische Infantin?

Es war ein Affe.

Kein echter, sondern einer aus Holz. Von all dem Wasser, das er geschluckt hatte, kauerte er schwer und teerfleckig auf seinem Sockel, entrückt und heilig, mit langer Schnauze und überaus fremdartig. Ich bürstete und trocknete ihn und bewunderte sein feingeschnitztes Fell. Er hatte mit den erdnußfressenden, verträumt-törichten Affen, die ich kannte, nichts gemein. Er hatte die edle Haltung eines affenähnlichen Denkers. Heute weiß ich, daß das Totem, das ich so liebevoll aus seiner Glückshaube von Tang schälte (und das inzwischen leider mit anderem Gepäck aus der Kindheit verlegt wurde) ein heiliger Pavian war.

Das Meer hatte meine Not erkannt und mir seinen Segen gegeben. Mein Baby-Bruder nahm an diesem Tag seinen Platz im Hause ein, aber auch mein wunderbarer und (wer weiß?) vielleicht unbezahlbarer Pavian.

Vielleicht ist meine Liebe zur Verwandlung und Wildheit aus meiner kindlichen Sicht des Meeres geboren. Berge erschrecken mich – sie sitzen einfach nur da und sind stolz. Die Unbeweglichkeit von Hügeln nimmt mir die Luft wie dicke Kissen. Wenn ich nicht am Meer entlangging, war ich auf ihm oder in ihm. Mein junger sportlicher und geschickter Onkel bastelte uns eine Strandschaukel. Wenn die Flut eine bestimmte Höhe hatte, konnte man sich bis zum höchsten Punkt schaukeln, loslassen und ins Wasser fliegen.

Niemand brachte mir das Schwimmen bei. Es passierte einfach. Ich stand in einem Kreis von Spielgefährten in der ruhigen Bucht, das Wasser reichte mir bis unter die Arme, und die sich leise kräuselnden Wellen schaukelten mich sanft hin und her. Ein kleiner verwöhnter Junge saß strampelnd in einem Gummiring, obwohl er nicht schwimmen konnte. Meine Mutter hatte meinem Bruder und mir verboten, uns Schwimmflügel oder Ringe oder Schwimmkissen auszuleihen, aus Angst, sie würden uns in tieferes Gewässer hinausziehen und in einen frühen Tod treiben. »Lernt erst mal schwimmen«, lautete ihre strenge Anweisung. Der kleine Junge kletterte aus seinem Reifen, schnappte danach, klammerte sich fest und ließ keinen ran. »Es ist meiner«, sagte er berechtigterweise. Eine plötzlich aufkommende Brise hob ihn in dunkleres Gewässer, er ließ los, und der ringförmige rosa Lebensretter entglitt seiner Reichweite. Er riß die Augen auf und beklagte heulend seinen Verlust. »Ich hole ihn«, sagte ich prahlerisch, um mein glühendes Verlangen zu tarnen, mit ihm auf den

Wellen zu reiten. Ich sprang, flatterte und schlug die Hände zur Seite, und meine Füße berührten den Grund nicht mehr. Ich war in jenem verbotenen Land – »über meinen Kopf hinweg«. Nach den Warnungen meiner Mutter hätte ich untergehen müssen wie ein Stein, aber ich tat es nicht. Mit hochgerecktem Kinn mahlte ich mit Händen und Füßen das kühle Grün. Ich packte nach dem abtreibenden Ring und schwamm zurück. Ich schwamm. Ich konnte schwimmen.

Vom Flughafen gegenüber der Bucht stieg ein Fesselballon auf, wie eine silbrige Perle, ein Salut.

In diesem Sommer bauten mein Onkel und seine Verlobte ein Boot. Mein Bruder und ich durften glänzende Nägel holen. Wir wachten von den Hammerschlägen auf. Die Honigfarbe des frischen Holzes, die weißen Hobelspäne (aus denen man Fingerringe machen konnte) und der süßliche Staub des Sägemehls schufen ein Idol, etwas Wunderschönes – ein richtiges Segelboot. Vom Meer brachte mein Onkel Makrelen mit. In ihrem unvergänglichen grünlich-blau-schwarzen Brokat kamen sie auf den Tisch. Wir lebten vom Meer. Aus Kabeljauköpfen und -schwänzen bereitete meine Großmutter eine Fischsuppe, die gekühlt zu einer einzigartigen Sülze wurde. Wir kochten zum Abendessen gebutterte Muscheln und legten ganze Reihen von Hummerkörben aus. Aber ich konnte meiner Großmutter nie zusehen, wenn sie die dunkelgrünen Hummer mit den winkenden, holzverkeilten Scheren in den Topf mit kochendem Wasser warf, aus dem sie, eine Minute später, rot, tot und eßbar wieder herausgenommen wurden. Ich fühlte das brennend heiße Wasser zu deutlich auf meiner Haut.

Das Meer war unser größtes Vergnügen. Wenn Besuch kam, wurde er als erstes auf Decken an den Strand gesetzt, mit Thermosflasche, belegten Broten und farbigen Sonnenschirmen drumherum, als ob es vollkommen ausreichte, über das blaue, grüne, graue, königsblaue Wasser zu schauen. Die Erwachsenen trugen damals noch diese puritanischen, schwarzen Badeanzüge, wodurch unsere Photoalben etwas leicht Altertümelndes an sich haben.

Meine letzte Erinnerung an das Meer ist die der Gewalt – ein windstiller, giftiger Tag 1939, an dem das Meer in stählerner Glätte dickflüssig und schwer atmend wie ein angekettetes bedrohliches Tier mit bösen lilaumrandeten Augen dalag. Besorgte Telephongespräche gingen zwischen meiner Großmutter aus dem meerzugewandten Haus und meiner Mutter an der Bucht hin und her. Mein kniehoher Bruder und ich genossen die Gespräche über Flutwellen, hochgelegene Plätze, bretterverrammelte Fenster und treibende Schiffe wie ein Wunderelixier. Der Hurrikan war für den Abend vorausgesagt worden. Damals ballte sich noch nicht in jedem Herbst in Florida ein Sturm zusammen, der dann über Cape Cod als Hurrikan ausbricht – bumm, bumm, bumm, so regelmäßig wie das Feuerwerk zum 4. Juli und launigerweise immer mit Frauennamen belegt. Dies war etwas fürchterlich Besonderes, ein Meeresdrachen. Unsere Welt konnte gefressen oder in Fetzen gerissen werden. Wir wollten dabeisein.

Der schwefelfarbene Nachmittag wechselte unnatürlich früh in tiefstes Schwarz, als ob das, was da kommen sollte, weder durch Sterne noch durch Lampen beleuchtet gesehen werden sollte. Der Regen setzte, einem gewaltigen Arche-Noah-Wolkenbruch gleich, ein. Der Wind folgte. Die Welt war zu einer Trommel geworden. Sie kreischte und bebte unter den Schlägen. Blaß, aber begeistert lagen mein Bruder und ich im Bett und nippten wie immer an unserem heißen Schlaftrunk. Natürlich wollten wir nicht schlafen. Wir krabbelten zur Jalousie und hoben sie einen Spalt hoch. Auf einem schwarzströmenden Spiegel zitterten unsere Gesichter wie Nachtfalter, die neugierig nach einem Weg suchen, um einzudringen. Aber wir konnten nichts sehen. Das einzige Geräusch war ein Heulen, verstärkt durch die Schläge, das Krachen, Stöhnen und Splittern von Gegenständen, die beim Kampf des Giganten wie tönernes Geschirr herumflogen. Das Haus wankte bis in die Grundfesten. Es bebte und wiegte und schaukelte die beiden kleinen Beobachter in den Schlaf.

Die Verwüstungen am nächsten Tag waren so, wie man es sich wünschte – entwurzelte Bäume und umgestürzte Telephonmasten, protzige Sommerhäuser tanzten am Leuchtturm auf den Wellen, und überall lagen die Reste kleiner Schiffsrümpfe. Großmutters Haus hatte heldenhaft widerstanden, obwohl die Wellen genau über die Straße in die Bucht gebrochen waren. Die Nachbarn sagten, daß es durch Großvaters Deich gerettet wurde. Der Sand hatte ihren Backofen unter einer goldenen Spirale begraben, die Polstermöbel waren voller Salzflecken, und ein toter Hai lag da, wo früher das Geranienbeet gewesen war, aber meine Großmutter schwang bereits den Besen, so daß bald die alte Ordnung wiederhergestellt war.

Bei diesem Bild endet meine Erinnerung an meine Kindheit am Meer. Mein Vater starb, und wir zogen tiefer ins Land. Von da an blieben diese ersten neun Jahre meines Lebens fest eingeschlossen, wie ein Schiff in einer Flasche – schön, unerreichbar, vergangen, eine feine, weiße, flüchtige Mythe.

Marina Zwetajewa

Einen schuf er aus Stein und den andern aus Erde
Und aus funkelndem Silber mich!
Verrat ist mein Werk – und mein Name Marina;
Vergänglicher Meer-Schaum bin ich.

Einen schuf er aus Lehm – aus der Rippe
… den andern.
Ein Sarg grenzt, ein Grab ihre Welt …
Doch ich bin getauft im Taufstein des Meeres
Und im Flug unaufhörlich zerschellt!

Und keinerlei Herz fängt und keinerlei Reuse
Meinen trotzigen Eigensinn ein.
Nie werde – so sieh meine wildwirren Locken,
Das Salz der Erde ich sein.

Zerteil ich mich auch an granitenen Knien,
Mit den Wellen ich wiederersteh!
Es lebe die Gischt – das fröhliche Schäumen,
Der hohe Schaum auf der See.

Annette Pehnt
Insel 34

> Die Leute versuchen mit einer anwachsenden Verzweiflung zu leben und zu etwas zu kommen, einem Ort oder einer Person. Sie wollen eine Insel, auf welcher die Welt endlich ein Ort umschrieben von sichtbaren Horizonten sein wird.
>
> Robert Creeley, Die Insel

Als Kind hörte ich lange von der Insel nicht mehr als die anderen auch. In der Schule war sie ein grauer Fleck auf der mürben Karte, weit vor der Küste. Wir redeten über Gesteinsarten und Schiffahrt, Rohstoffe und Tourismus. Die Insel war aus Basalt und nicht durch Fährverkehr mit dem Festland verbunden, hatte keine Rohstoffe und wenig Tourismus, genau wie die dreiunddreißig anderen Inseln vor unserer Küste, die auch alle aus Basalt waren. Weil niemand ihnen jemals einen Namen gegeben hatte, waren sie numeriert, sehr selten ist das, sagte Herr Kohlhas, der Erdkundelehrer, die Menschen haben für alles einen Namen, jeder Felsen in der Antarktis heißt irgendwie.

Also mußten wir für die Klassenarbeiten die Nummern der Inseln in ein kleines Raster eintragen, das Herr Kohlhas auf die Arbeitsblätter gezeichnet hatte. Meine Insel war Nummer vierunddreißig, weil sie am weitesten weg war. Die anderen Inseln klebten scharenweise zusammen, es war schwierig, sie auseinanderzuhalten, niemand schrieb in den Inselarbeiten gute Noten. Nummer vierunddreißig lag auf der Karte gut drei Fingerbreit entfernt vom Festland, ein kleiner Vogeldreck im zerkratzten Blau. Alle konnten sich die Nummer vierunddreißig merken, auch wenn sie sonst nichts wußten. Vielleicht glaubt deswegen jeder, die Insel zu kennen.

Zanka zum Beispiel kannte jemanden, dessen Tante dort leben sollte, eine Frau in den Fünfzigern, sagte Zanka, aber stell sie dir nicht vor wie die Frauchen an der Küste, mit geraden Falten auf der Stirn und dreckigen Fingernägeln und saufenden Ehemännern, die in der Fischfabrik nicht genug verdienen zum Leben und nicht genug zum Sterben, nein, so ist das nicht auf der Insel. Diese Tante, leider nicht meine, sagte Zanka, denn so eine hätte ich gerne, diese Tante hat dort drei oder vier Liebhaber und blüht wie ein Flieder im Mai, ein kleines altes Persönchen eigentlich, aber ich sag dir, die soll Haare bis auf den Hintern haben und Brüste zum Reinbeißen, und abends kommen ihre Liebhaber, manchmal einer oder zwei, manchmal auch alle zusammen, die feiern die Nacht durch, und die Tante ist nicht die einzige auf der Insel, die es sich gutgehen läßt. Zanka hatte sich heiß geredet, du wärst wohl gerne da, sagte ich, und er rieb sich die Hände, streckte die Arme über den Kopf und lehnte sich nach hinten, das kann man wohl sagen. Er stieß mit seinen gedehnten Armen gegen den Tischnachbarn. Zanka ist sehr ausladend, es wäre einfacher, ihn zu Hause zu bewirten, wo er sich ausbreiten könnte und niemanden behelligen müßte, aber er mag Kellnerinnen, Zuckerstreuer und Speisekarten, und außerdem hat er viel Geld, das er in meiner Küche nicht ausgeben kann. Dann fahr doch, sagte ich, nimm dir ein Motorboot, oder hast du nicht sogar schon eins, ich komme mit. Zanka hörte nicht zu, das ist ein kleines, feines Liebesnest dort, jeder mit jedem, verstehst du, und das Beste ist, es funktioniert. Ich merkte, daß der Tischnachbar sich leicht zur Seite neigte und lauschte. Aber es sind doch Fischer, sagte ich, das habe ich in der Schule gelernt, Fischer leben so nicht. Woher willst du wissen, wie Fischer leben, sagte Zanka.

Ich habe nie so getan, als ob ich die Insel kenne, und ich bin die einzige, die wirklich hinfahren wollte, seit ich mehr von ihr weiß. Die Seekarten hatte ich mir schon gekauft, bevor ich Zanka überhaupt kannte. Meine Eltern freuten sich über das heftige Interesse, das als milde Neugier begonnen hatte und allmählich immer dringlicher Besitz von mir ergriff. Sie warteten schon seit Jahren darauf, daß mein Herz für etwas schlug, wie mein Vater es ausdrückte. Was willst du denn mal machen, fragte er alle vier bis sechs Monate, und wenn ich antwortete, Dolmetscherin oder Lehrerin, beugte er sich vor und sah mir prüfend ins Gesicht, und schlägt dein Herz dafür. Ich horchte in mich hinein und konnte mein Herz nicht hören, ich weiß nicht, sagte ich, glaube schon.

Mein Vater war jemand, der sich schnell zum Glühen bringen konnte. Meine Mutter wartete im Hintergrund und wärmte ihre Hände an seiner Glut. Du willst doch nicht vor dich hin stümpern, sagte mein Vater. Ich habe noch nie vor mich hin gestümpert, in der Schule war ich eine der Besten, meine Eltern waren es nicht anders gewohnt, aber was nützen dir die guten Noten, sagte mein Vater, wenn kein Herzblut dabei ist. Mein Vater hatte dickes, sehr weißes Haar und volle Lippen, er sah prächtig aus. Wenn er für die Kinder aus der Nachbarschaft den Weihnachtsmann spielte, einen leidenschaftlichen, polternden Weihnachtsmann, der die Kinder in unserer Wohnung zusammenrief, um mir als Einzelkind Spielkameraden ins Haus zu holen, dann brauchte mein Vater keine Perücke, nur einen dicken Bart und Koteletten aus Watte, die von demselben reinen Weiß waren wie seine Haare. Ich brachte meine Mathematikarbeiten und Vokabeltests mit nach Hause und legte sie auf den Küchentisch, Mutter nickte mir zu, ganz beiläufig hatte ich wieder die beste Note geschrieben, und Vater war stolz, das sagte er auch, aber ich wußte schon, was kommen würde. Er ging zu den Elternsprechtagen und lag den Lehrern in den Ohren, natürlich ist sie gut, das weiß ich, aber wo sehen Sie denn ihre besonderen Begabungen, und enttäuscht kam er zurück, du bist in allem gleich gut. Ich versuchte, in manchen Fächern noch besser zu werden und in anderen etwas schlechter, schrieb absichtlich den falschen Subjonctif ab und verworrenes

Algebra, legte mir einen Familienstammbaum der römischen Götter und eine Karte des römischen Weltreiches an, um in Latein alle zu übertrumpfen, und in Sport täuschte ich einseitiges Hinken und Regelschmerzen vor, um beim Geräteturnen die schwerelose Leichtigkeit zu übertuschen, um die mich alle beneideten. Geglaubt hat mir nie jemand.

Du machst dir Feinde, sagte mein Vater, über Leidenschaft macht sich niemand lustig, aber die, die alles gleich gut können, die mag niemand. Mich mochten wenige, die meisten beneideten mich mit eben der Glut, die mir mein Vater wünschte. Ich ließ immer alle abgucken, erklärte allen alles, verschenkte meine Hausaufgaben, und sie rissen sich darum, aber schon in den ersten Sätzen machten sie Fehler, vergaßen Silben und Buchstaben, wurden ungeduldig, schrieben noch schneller, und ich erkannte nicht mehr wieder, was ich geschrieben hatte.

Als ich klein war, fiel es nicht so auf, sie spielten mit mir, wie die anderen hatte ich Rollschuhe und einen häßlichen phosphoreszierenden Schulranzen und wurde auf Geburtstagsfeiern eingeladen, wo man mit verbundenen Augen und gefesselten Händen Schokoladentafeln auswickeln mußte, um die Wette, und wer zuerst fertig war, mußte alles aufessen. Ich war oft zuerst fertig, weil ich geschickte Finger habe, aber ich teilte die Schokolade mit den anderen, die schwerfällig und blindwütig an der Verpackung herumfetzten, bis sie einen Haufen Schokoladenbrösel und zerknülltes Aluminiumpapier vor sich hatten. Sie sind zu ungeduldig, aber sagen darf ihnen das niemand, sonst sehen sie rot, und alles wird nur schlimmer.

Später teilte ich Landjäger, Buntstifte, Käsebrötchen, Abziehbilder mit Silberglitter, Rosinenschnecken, Tintenkiller, Wackelpudding in der Schulkantine, Überraschungseier, Zigaretten, Joints und die Lösungen der Abituraufgaben in Mathematik. Ich gewöhnte mich so an das Teilen, daß ich mich unwillkürlich nach Mitessern umschaute, bevor ich eine Gabel zum Mund führte. Trotzdem mochten mich wenige. Es gab sie hier und dort, aber viele waren es nicht. Als ich mit den Inseln anfing, verebbten die Feindschaften.

In der Schulbibliothek fand ich einen Bildband mit historischen Aufnahmen aller vierunddreißig Inseln vor unserer Küste. Weil die anderen mich hänselten, na gehst du wieder pauken, traute ich mich selten in die Bibliothek und achtete darauf, daß mich niemand auf den mit grünem Teppich beklebten Stufen erwischte. Der Teppich, den sie nirgendwo anders im ganzen Gebäude verlegt hatten, war fleckig und aus Kunststoff, und wenn ich mit den Schuhen darüberschabte, lud ich mich elektrisch auf und knisterte an den Fingerspitzen. Weil ich das Gefühl mochte, schlurfte ich über die Stufen und entlud mich mit einem wohligen Schreck am Türgriff der Bibliothek. Vielleicht könnte ich Bibliothekarin werden, dachte ich und horchte in mich hinein, aber mein Herz schlug nicht schneller. Die Bibliothekarin hielt mich wohl für einen Bücherwurm, aber ich war genauso oft in der Turnhalle, wo ich an Tauen bis zur Decke kletterte, am Reck die Beine spreizte und Medizinbälle auf dem Kopf balancierte, oder im Musikraum, wo ich mich zwischen Flöten, Klavier und Bongos nicht entscheiden konnte und stundenlang herumzupfte und in die Tasten griff, bis man mich auf den Schulhof schickte, schön, daß du dich so interessierst, aber jetzt geh mal an die frische Luft zu deinen Freunden. Die Lehrer ermüdeten oft schneller als ich, sie hatten sich ja auch schon entschieden und mußten nicht alles gleichzeitig machen und dazu noch gemocht werden.

Zwischen den Bildbänden stieß ich auf einen abgestoßenen Lederrücken mit kaum leserlicher Goldschrift: Die Inseln damals und heute. Das Heute war lange her, auf den neueren Inselfotos hatten die Autos noch gerundete Kühlerhauben, und Eselskarren verstopften die schlammigen Dorfstraßen, aber vielleicht ist es ja dort immer noch so, dachte ich, blätterte zurück und kam zu den älteren Aufnahmen, bräunlichen, leicht verwischten Bildern, auf denen sich Leute mit strengen Mienen zu ordentlichen Grüppchen aufgestellt hatten. Manche hielten feuchte Fische in die Kamera, andere hatten Ziegen oder Schafe neben sich in die Reihe gezerrt und legten ihre Hände besitzergreifend auf Tierhälse und Hörner. Einer hielt eine Art sperrigen Dudelsack mit krummen Pfeifen unter dem Ellbogen. Die Kinder waren glattgebürstet und hatten eckige Köpfe.

Ich wendete langsam die Seiten um, nicht ganz bei der Sache, weil gerade die Klimaanlage der Schule anfing zu brausen, wie immer um Viertel nach vier, als mich von einer halb herausgelösten Seite ein Kind direkt anschaute. Es hatte weit aufgerissene Augen, Grübchen in den Backen, obwohl es nicht lächelte, und geradegewachsene Augenbrauen, die sich über seiner Nase trafen, noch nie hatte ich bei einem Kind solche Augenbrauen gesehen. Die Augen schaute ich mir genauer an, beugte mich dicht über das wolkige Papier, bis sich der beharrliche, versunkene Blick auflöste in Kratzer und Punkte. So will ich auch aussehen, dachte ich und zog meine Augenbrauen zusammen, aber sie berührten sich nicht. Der macht, was er will.

Dann suchte ich nach anderen Bildern von Insel Vierunddreißig, fand eine einzige neuere Aufnahme vom Meer aus, auf der Vierunddreißig aussah wie ein aufgeschwemmter Pfannkuchen in einer riesigen Pfütze, und blätterte zurück zu dem Kind. Wenn ich jemals so aussähe, dachte ich, nähme mein Vater mich sofort in die Mangel. Ich starrte auf seine Stirn, den geraden Strich seiner Augenbrauen und sein verwaschenes Kinn, bis der Fünfuhrgong ertönte, ein unsauberer elektronischer C-Dur-Dreiklang, das absolute Gehör hat sie auch, sagte der Musiklehrer oft, was meinen Vater zu großen Hoffnungen bewegte, und die Bibliothekarin schaute verständnisvoll, aber entschlossen zu mir herüber. Ich wandte mich ab und riß mit einer lautlosen Bewegung das Bild aus dem Buch, faltete es und schob es in die Hosentasche. Dann stellte ich den Bildband zurück zwischen Antarktis und Beduinen, er hätte dort gar nicht stehen dürfen, und schlurfte über den grünen Teppich nach draußen, bis ich die elektrische Ladung unter den Fingernägeln spürte.

Warum waren wir eigentlich nie auf den Inseln, fragte ich meine Eltern am Abendbrottisch, der wie immer sehr aufwendig gedeckt war mit Tonkrügen voller Saft, frisch aufgeschnittenem Brot und Vaters Lieblingskäse, einem pelzig verschimmelten Ziegenweichkäse, der mich anwiderte. Die Inseln, wieso, sagte mein Vater, kennst du etwa irgend jemanden, der schon einmal dort war. Die Antwort war meines Vaters nicht würdig, er tat nie Dinge, bloß weil irgend jemand sie tat oder nicht tat, und das sagte ich auch. Er stutzte und nickte mir dann anerkennend zu, vielleicht ahnte er schon die ersten Vorläufer meiner neugeborenen Leidenschaft, dafür hat er ein Gespür wie ein Bluthund. Die Inseln, sagte mein Vater und überlegte, die Inseln sind teuer, trist und klimatisch benachteiligt. Ich nahm mir vor, etwas über das Klima auf den Inseln herauszufinden. Man schläft dort nicht gut, sagte meine Mutter. Es gibt dort nichts, was eine Reise wert wäre, sagte mein Vater, ganz und gar nichts, was sollte das auch sein, die Fischer sind doch längst ausgestorben. Nehme ich jedenfalls an. Das ist ein komisches Völkchen dort draußen, sagte meine Mutter, die kommen ja nie da weg, die braten im eigenen Saft, und das schon seit Jahrhunderten. Jahrtausenden. Plötzlich fiel ihnen immer mehr ein, die Unterhaltung wurde ungewöhnlich lebendig. Ich trank Kirschsaft und sagte nichts mehr, sie hatten meine Frage vergessen und tauschten Inselgeschichten aus, aber woher wissen die das alles, dachte ich.

Bald begann die Leidenschaft aufzukeimen und unübersehbar zu werden. Mein Vater merkte es als erster. Du siehst anders aus, sagte er, als ich drei Stunden zu spät aus der Schule kam, weil ich in der Bibliothek Studien über das Leben in ländlichen Gemeinschaften gelesen und mich mit der Bibliothekarin über die Insel Achtundzwanzig unterhalten hatte, auf die sie beinahe früher einmal gereist wäre, ich war drauf und dran, sagte sie mit einer bangen, leicht schwankenden Stimme, drauf und dran. Ganz erhitzt siehst du aus, sagte mein Vater mißtrauisch und hoffnungsvoll, wo hast du denn gesteckt. Ich beschloß, ihm und mir von nun an das Leben zu erleichtern, und sagte so abweisend wie möglich, ich mußte etwas nachsehen. Nachsehen, sagte mein Vater, was denn nachsehen, wenn man fragen darf. Ich wandte mich ab, holte den Spiralblock aus der Tasche, in dem ich von nun an alle Inselnotizen sammelte, und vertiefte mich in mein Gekritzel. Was hast du denn da, sagte mein Vater und stellte sich hinter mich, was denn nachsehen. Über die Inseln, murmelte ich, da gibt es so einiges. Aha, sagte mein Vater laut und trat einen Schritt zurück, die Inseln also. Halt mich auf dem laufenden.

Er nahm nun an, ich hätte endlich mein Herz entdeckt und es an die Inseln gehängt, mein Forschergeist entfalte die jungen Schwingen, um die Welt zu erkunden, und wer weiß, wohin er mich trüge. Mir genügten aber die Inseln, ich wollte die Welt nicht erkunden, die Inseln reichten völlig, es war viel Arbeit.

Meinem Vater warf ich beim Abendbrot über die gemusterte Butter hinweg kleine Brocken meines neuen Wissens zu, um ihn bei der Stange zu halten und auch, ich gebe es zu, um ihm Freude zu machen. Vor zwanzig Jahren haben sie dort noch schwarze Filzhüte getragen, sagte ich oder, die sprechen eine eigene Sprache, wußtet ihr das, vor allem auf Nummer neunundzwanzig bis vierunddreißig, sehr merkwürdig klingt die, wie Räuspern und Spucken. Mutter hörte halb zu.

Wirklich, sagte mein Vater, was für eine Sprache denn, und er stand auf, das durfte niemand, während des Abendbrotes einfach aufspringen, aber er sprang auf, den Mund voll Radieschen, und suchte im Konversationslexikon nach den Inseln. Sie waren nicht erwähnt, das wußte ich schon lange, aber ich sagte nichts. Mutter schüttelte leicht den Kopf. Er kaute heftig und blätterte mit feuchtem Finger durch mehrere Bände, wieso steht hier nichts, welche Sprache soll das denn sein, ich werde mich mal kundig machen. Hör mal, sagte Mutter, sie wird das schon erledigen, und jetzt setz dich mal. Zuviel Leidenschaft war ihr unheimlich. Mir eigentlich auch.

Die Sprache klang wirklich merkwürdig, ich hatte im Tonarchiv der Stadtbücherei, die ich nun in meine Forschungen einbezog, eine Kassette gefunden. Alte Damen lernten dort an kleinen Pulten mit Kopfhörern Russisch oder Italienisch Leicht Gemacht, und ein paar Schülerinnen in meinem Alter feilten leise murmelnd an ihrer französischen Aussprache. Im ganzen Hause gab es keinen Kassettenrekorder. Video, Tonband, CD, sagte die Bibliothekarin, alles da, stolz wies sie auf die Apparaturen, aber Kassetten, also da weiß ich nicht weiter. Sie ähnelte der Frau in der Schulbibliothek, die Bluse stramm in die Hose gestopft, es muß Gründe dafür geben, vielleicht ist es praktisch beim Sitzen.

Aber helfen konnte sie mir nicht, ihr ist nur nicht klar, wie dringend es ist, dachte ich und bewies zum ersten Mal Kampfgeist für meine neue Sache. Ich nehme an einem Wettbewerb für Sprachvergleich teil, sagte ich und strich mir das Haar aus der Stirn, so wie es die wenigen sehr selbstbewußten Frauen taten, die ich kannte, unsere Rektorin, die Steuerberaterin meines Vaters und Klaus-Peters große Schwester, die große Brüste hatte und auf den Schulfeiern bodenlange Kleider aus schlangenhaftem Stoff trug. Ich hatte damals kaum Brüste, übrigens bis heute keine sehr großen, aber ich konnte mir das Haar gewandt aus der Stirn streichen, viel glatteres, dickeres Haar als das der Bibliothekarin, und sagte, eine Auszeichnung habe ich schon, und jetzt brauche ich diese Kassette für das neue Projekt, das sagt meine Rektorin auch.

Die Bibliothekarin schaute auf mein Haar, nahm mir die Kassette aus der Hand und verschwand. Ich setzte mich auf ein Pult, sah den Schülerinnen, die sich die Stirn rieben und am Schienbein kratzten, beim Französischlernen zu und schüttelte noch einige Male probeweise mein Haar, weil ich den leichten Zug an meiner Kopfhaut mochte und mich dabei auf eine neue, kämpferische Weise elegant fühlte. Die Bibliothekarin kehrte mit einem unförmigen, verklebten Kassettenrekorder zurück, auf den mit Leuchtstift ›Hausmeister‹ gekritzelt war, und stellte ihn mir wortlos auf eines der Pulte. Während ich alles um mich herum aufbaute, Spiralblock, Lineal, Stifte, Rekorder, ließ sie mich nicht aus den Augen.

Ich setzte die Kopfhörer auf, in deren Schaumstoff Hausmeisterhaare hingen, und versank in ein kehliges, rotziges Gemurmel, das die alte Sprache der Inseln sein mußte. Mehrere Männer sprachen abwechselnd und lückenlos, ich hörte überhaupt keine Pausen, weder zwischen den Wörtern, wenn es welche waren, noch zwischen den Männern, die Stimmen lösten sich ab, überlagerten sich nur manchmal, ein träger Singsang auf immer derselben Tonhöhe. ›Singsang‹ notierte ich mir und strich das Wort gleich wieder durch, denn melodisch war dieses Gurgeln eigentlich nicht, eher verschleimt, so als wenn jemand spräche, der sich dringend räuspern müßte. Das taten die Männer auch, während einer murmelte, räusperten sich die anderen im Hintergrund heftig.

Weil die Bibliothekarin den Blick nicht von mir nahm, bekritzelte ich flink und geschäftig Seite um Seite, aber bald fiel mir nichts mehr ein, ich verstand ja nichts, und eine Broschüre oder ein Büchlein zur Kassette gab es nicht. Also wiegte ich mich im zähen Rhythmus des Geredes unmerklich hin und her und malte mit dem Bleistift Striche und Punkte auf das Papier. Gegen Ende war das Band ausgeleiert, die Stimmen wurden langsamer und rutschten ab, bis ich nur noch ein düsteres, verwaschenes Jaulen hörte. Ich bewegte die Finger, die vom vielen Kritzeln steif geworden waren, stöpselte den Rekorder aus und nickte der Bibliothekarin zu, während ich meinen Spiralblock zuklappte und mein Haar schüttelte.

Inzwischen machte ich weniger Hausaufgaben, die anderen merkten nun auch, daß sich etwas verändert hatte, erst die Lehrer, die mich überrascht und besorgt beiseite nahmen: Willst du nicht mal vorbeikommen, fragte der Musiklehrer mich, der Flügel ist frisch gestimmt, und der Sportlehrer fand mich schlaff und fragte nach meinen Hormonen. Dann die aus meiner Klasse, die mich nicht mochten, denn nun hatten sie kaum noch Angriffsfläche, meine Noten sackten ab. Klaus-Peter, ausgerechnet Klaus-Peter, der so vergeßlich war, daß er in Mathematik vergaß, die Lösungen aufzuschreiben, selbst wenn er sie gefunden hatte, erinnerte mich an Klassenarbeiten und Vokabelabfragen. Zuletzt merkten es die, die mich mochten, aber das waren nicht sehr viele.

Das erste Zeugnis nach der Entwendung des Bildes war mäßig und gespickt mit besorgten Anmerkungen der Fachlehrer. Mein Vater hielt es sich dicht vor die Augen, sah die glatte Eins in Erdkunde, die ich auch früher, eigentlich immer schon gehabt hatte, aber nun fiel sie auf in all dem ungewohnten Mittelmaß, und lobte mich zum ersten Mal seit Jahren. Beim Abendbrot lag neben meinem Teller ein dickes Buch, dessen Titel ich schon durch das Seidenpapier hindurch erkennen konnte, so daß ich Zeit hatte, mein Gesicht in Form zu bringen. Entdecke die Küste hieß es, und ich blätterte so freudig wie möglich darin herum, beugte mich über schlecht gezeichnete Seesterne und Algensorten. Die Inseln kamen darin nicht vor.

Im Sommer fuhren wir an die Küste. Die Küste ist gut erreichbar und nicht sehr weit von unserer Stadt entfernt, aber niemand macht dort Ferien. Es ist nicht üblich, an der Küste Ferien zu machen. Eher würde man in die Antarktis oder um den halben Erdball fliegen. Fliegen war überhaupt das, was alle taten, und an der Küste gibt es keine Flughäfen. Es gibt Müllverbrennungsanlagen, Fischkonservenfabriken, kleine schmierige Orte, Imbißstuben mit beschlagenen Scheiben und sehr gutem Bratfisch, aber das weiß ich erst seit jenem Sommer, es gibt auch Bushaltestellen und einen Postwagen, der von einem besoffenen Fahrer von Dorf zu Dorf gesteuert wird und drei Tage für eine Runde braucht, aber einen Flughafen gibt es nicht. Es gibt auch keine Hotels und keine Küstenwanderwege, keine Palmen und keinen Fahrradverleih. Die Strände sind aschig und voller Quallen, die von innen heraus stumpf leuchten, das Wasser schwappt müde über den Tang, und niemand hat daran gedacht, Papierkörbe aufzustellen. Manchmal scheint zwar an der Küste die Sonne, aber dann fängt sofort der Tang an zu stinken, Schwärme winziger Stechfliegen hängen in der Luft, und die Einheimischen kommen aus ihren Häusern, hängen orangene Bettlaken auf Wäscheleinen und werfen Müll zwischen die Felsen.

Einmal soll sich ein Eisverkäufer an die Küste verirrt und sich in einer verlassenen Fischräucherei eingerichtet haben, Topfpflanzen hatte er mitgebracht, fünfzehn verschiedene Eissorten und einen Eismann aus Pappe, der im Schotter vor der Räucherei gütig lächelte. Da niemand an der Küste Ferien machte, muß der Eisverkäufer große Hoffnungen auf die Gelüste der Einheimischen gesetzt haben. Aber die Einheimischen hatten keine Gelüste. Sie kauften im Supermarkt neben der Räucherei alles, was sie brauchten, luden ihre riesigen Geländewagen voll mit Familienpackungen unverderblicher Lebensmittel und warfen mißtrauische Blicke auf die frisch dottergelb gestrichene Räucherei. Kindern, die unermüdlich nach Eis quengelten, wurde gelegentlich ein Erdbeereis spendiert, eine Kugel ohne Sahne. Davon konnte der Eisverkäufer nicht satt werden. Als der Pappmann allmählich im Herbstregen aufweichte und vornüberknickte, machte er sich aus dem Staub und überließ die dottergelbe Räucherei dem Salzwind, der an der Küste nie aufhört zu blasen.

Sehr schnell verstand ich, warum niemand an der Küste Ferien machte. Ich wußte es schon, als wir von der Stadtautobahn auf eine Landstraße abbogen, die schnurgerade zur Küste führte. Sie war frisch geteert. Ab und zu lagen überfahrene Möwen am Straßenrand. Ich war dagegen, sagte meine Mutter. Sie sagte es nicht triumphierend, und trotzdem wurde mein Vater gleich ungehalten und sagte, jetzt fang nicht so an, wir haben lange darüber gesprochen, und schließlich geht es nicht um uns.

Es ging um mich. Niemand hatte mich gefragt, ob ich an der Küste Ferien machen wollte, und ich wollte nicht, was sollte ich an der Küste, auf die Insel Vierunddreißig wollte ich. Aber für meinen Vater waren Inseln und Küste Jacke wie Hose, er wollte meinem jung erblühten Forschergeist Nahrung schenken, und die gäbe es reichlich zu finden hier an der See, glaubte er, und schließlich könnte man die Inseln ja wohl sehen von der Küste aus. Da irrte er sich, die Inseln lagen während der vier langen Wochen, die wir an der Küste verbrachten, hinter einem milchigen Dunst verborgen. Vom vielen Bratfisch bekamen wir Pickel auf der Stirn und seltsame Ekzeme an den Händen. An einem einzigen Vormittag mit starkem Föhn, der meinen Eltern dröhnende Schädel verpaßte und sie bis zum Mittagessen im Bett hielt, konnte ich in der Ferne Insel Eins bis Acht erahnen, aber nur, weil ich wußte, daß sie dort sein mußten, sechs Seemeilen von mir entfernt. Ich machte Fotos, die ersten meiner Sammlung, auf denen man zwischen überbelichteten Grauschwaden einige längliche Flecken erkennen kann.

Es gibt drei Pensionen Meeresblick an der Küste, und wir hielten an allen. Die erste Pension Meeresblick stand zwischen zwei Hochspannungspfosten und war verrammelt, die zweite hatte eine pausenlos knackende Gegensprechanlage und Vorhänge, die sich deutlich bewegten. Meine Mutter öffnete den Mund, ich wußte, was sie sagen wollte, aber sie sagte es nicht. Die dritte war unsere, sie stand auf einem Felsen, der Brandung bedenklich nah, und vom Frühstücksraum aus blickte man nicht nur auf das Meer, sondern auf den Algensaum, der sich hinter der Pension zwischen den Liegestühlen abgelagert hatte, und auf die Salzschlieren am Panoramafenster. Wir waren die einzigen Gäste.

Ich wußte nicht, was mein Vater von mir erwartete. Wegen mir waren wir hier, also konnte ich die vernieselten Tage schlecht im Wintergarten zwischen den rostigen Schaukelstühlen vertrödeln oder im Fernsehraum auf dem rostigen Sofa. Schaukelstühle und Sofas können eigentlich gar nicht rosten, aber an der Küste rostet alles, sogar die rostfreie Armbanduhr meines Vaters hatte nach vier Wochen Flecken. Die Besitzerin des Meeresblicks hatte braune, antoupierte Haare, die auch rostig aussahen, und erneuerte alle drei Wochen die Zeitschriften im Fernsehraum, wenn das Papier anfing, Wellen zu schlagen. In unsere Zimmer kam sie nie, und mir war das recht. Meine Mutter, die Wert auf frische Bettlaken und aufgeschüttelte Kopfkissen legte, fühlte sich vernachlässigt. Mein Vater fühlte sich vernachlässigt, weil ich ihn nicht an meiner neuen Herzensglut teilhaben und meinen Forschergeist brachliegen ließ.

Aber ich wußte einfach nicht, was ich hätte tun sollen. Ich machte ein paar Fotos von den Inseln im Nebel, ich ging morgens nach dem Frühstück manchmal in den Garten, stocherte im Tang herum und kritzelte wahllos in meinen Notizblock. Wenn es nicht regnete, lieh ich mir das rostige Damenfahrrad der Besitzerin, kaufte meinem Vater im nächsten Ort eine Zeitung und schaute durch mein Fernglas auf den leeren Strand. Mir war nicht klar, wie die vier Wochen vergehen sollten.

Als ich später mit Zanka auf die Inseln wollte, brachte ich die Fotos und meine alten Seekarten mit und legte den ganzen Haufen auf den geflochtenen Tisch, den sich Zanka nahe bei der verspiegelten Bar ausgesucht hatte, um den Kellnerinnen unauffällig hinterherschauen zu können. Hier, sagte ich, wir fahren auf die Inseln, da kannst du dich endlich richtig ausleben. Zanka schob die Fotos hin und her, er war fahrig und nicht bei der Sache und sah ständig schräg hinter mir auf die Spiegel, bis ich ihm mit der Landvermessungskarte Abschnitt acht auf das Handgelenk schlug, Zanka, jetzt hör mal zu, wann fahren wir. Da sah er endlich zu mir herüber, schob die Fotos zusammen und klopfte sie auf der Tischplatte zu einem ordentlichen Stapel. Was soll ich da, sagte er, ich habe zwei Wochen Urlaub im Jahr, und wenn ich mich ausleben will, fliege ich woandershin, schön weit weg. Aber die Insel wäre doch viel näher, rief ich, und viel billiger. Das ist keine Frage des Geldes, sagte Zanka, das solltest du wissen, und er stand auf und ging.

Meine Eltern versuchten es mit Ausflügen: die westlichste Klippe des Festlandes, die sich nur durch einen gelben Wimpel von den Klippen ringsherum unterschied. Die Robbenbucht, wo wir mit Hilfe des Fernglases weit draußen im öligen Wasser kleine runde Köpfe vor sich hin dümpeln sahen, das mußten Robben sein, denn an der Küste geht kein Mensch freiwillig ins Wasser. Ich machte mir Aufzeichnungen. Mein Vater schaute mir über die Schulter, aber er konnte mein Gekritzel nicht lesen, ich hatte mir eine Art geheime Schmierschrift zugelegt. Am schönsten war der Abstecher zum Leuchtturm.

Der Leuchtturm war vergammelt und mit Maschendraht gegen Besucher abgeschirmt. Er stand auf einem blaugrünen, dichtgewachsenen Rasenstreifen. Unsere Augen ruhten auf der satten, frischen Farbe, sie schillerte fast, obwohl die Sonne nicht schien. Dort trafen wir zum ersten Mal andere Fremde, mehrere erschöpft aussehende Leute mit Regenhüten, die auch alle vor dem Rasen standen und auf das Grün starrten. Es war fast windstill. Niemand sagte etwas. Wir verharrten vor dem Rasenstück, eine Art Sanftmut senkte sich über uns, oder vielleicht war es auch nur Erleichterung, daß die Welt nicht nur salzig und grau war. Sie verflüchtigte sich gleich, als einer der Fremden anfing zu niesen und sich murmelnd und schniefend von der Gruppe löste. Ich knipste den schäbigen Leuchtturm von allen Seiten und versuchte mich auch an dem Rasenstreifen, aber auf den Abzügen später sah er schleimig grün und eher unappetitlich aus. Als ich mit dem Fotografieren fertig war, sah ich mich nach meinen Eltern um. Sie standen am Parkplatz, mein Vater hatte den Arm um meine Mutter gelegt, die sich unter dem ungewohnten Druck etwas nach vorne beugte.

Mich hatten sie endlich vergessen.

Rose Ausländer

Auf einer Insel

Mit Purpurflügeln
streift der Sommer
mein Herz

Ich liege auf einer Insel
die keinen Namen hat
in einem namenlosen Meer

Fische besuchen mich
und sprechen Gedichte
Ich bemühe mich
sie zu erlernen

Ein Delphin bringt mir
Grüße von Freunden
Sie laden mich ein
allein ich
kann nicht schwimmen

COLETTE

Am Rande eines weißen Strandes
(In der Bucht der Somme)

Für Ernest Leblanc

Sollte dieser sanfte, flache und blonde Landstrich etwa nicht so harmlos sein, wie ich es zunächst vermutet habe? Ich entdecke dort seltsame Gebräuche: Man geht dort fischen mit dem Auto, geht dort jagen mit dem Boot … »Also, auf Wiedersehen, der Kahn ist bereit, ich hoffe Ihnen heute abend einen hübschen Becassinenbraten mitzubringen …« Und der Jäger macht sich auf, eingepfercht in sein gelbes Ölzeug, mit geschultertem Gewehr. »Kinder, kommt schnell! Die Karren kehren zurück! Ich sehe Netze voller Limanden an den Deichseln hängen!« Merkwürdig für den, der nicht weiß, daß das Wild sich bis oberhalb der Bucht vorwagt und sie von Le Hourdel bis nach Le Crotoy und von Le Crotoy bis nach Saint-Valery überquert; merkwürdig für den, der noch auf keinen dieser hochrädrigen Karren geklettert ist, auf denen die Fischer den fünfundzwanzig Kilometer langen Strand entlangfahren, dem Meer entgegen …

Sonntag. Vergnüglicher Elan. Es regnet, aber das will nichts heißen. Eine Pariser Familie wagt sich im feinen Nebel, den der Himmel zerstäubt, bis zu meiner einsamen Villa vor. Die träge und glatte Flut liegt blechfarben da. Monsieurs Schnürgamaschen werden naß und Madames graue Wildlederschuhe mit den Louis XV-Absätzen; Mademoiselle stellt den Panama der Saison sechsundneunzig zur Schau, dessen herabhängender Schleier ins Wasser taucht ... Monsieur trägt außerdem einen Norfolk-Anzug englischer Machart und ein Gewehr ... Die unvorsichtigen Möwen miauen und kreisen... »Lucie«, ruft er, »siehst du die da?« Die Nase in die Luft gestreckt, die Hand im Nacken, um den Hut festzuhalten, »sehen« Madame und Mademoiselle »die da«. Peng! ... Sie warten mit zusammengekniffenen Augen, daß die Möwe herabfällt ... Doch keine der Möwen – die gewiß an kräftigen Fäden hängen – hakt sich ... »Warte, Lucie! Siehst du die da?«

Bis zur Abfahrt – mit dem siebzehn Uhr fünfundvierziger Zug – wird Monsieur die Möwen mit einem Gewehr bedrohen, das sich nicht entmutigen läßt ...

Schönes Wetter. Man hat alle Kinder zum gemeinsamen Garen an den Strand gebracht. Die einen braten auf dem trockenen Sand, die anderen köcheln im Bainmarie in warmen Pfützen. Die junge Mutter vergißt unter dem gestreiften Sonnenschirm genüßlich ihre beiden Kinder und berauscht sich mit heißen Wangen an einem mysteriösen Roman, der wie sie mit Leinen bekleidet ist ...

»Maman!«

»...«

»Maman, hör mal, Maman! ...«

Ihr dicker kleiner Junge wartet geduldig und hartnäckig mit der Schaufel in der Hand, die Wangen wie ein Kuchen mit Sand bestreut ...

»Maman, hör mal, Maman ...«

Die Augen der Lesenden blicken schließlich geistesabwesend auf, und sie gibt ein leises verärgertes Kläffen von sich:

»Was?«

»Maman, Jeannine ist ertrunken.«

»Was sagst du da?«

»Jeannine ist ertrunken«, wiederholt der gutmütige dicke hartnäckige kleine Junge.

Das Buch fliegt, der Liegestuhl kippt um ...

»Was sagst du, kleiner Schlingel? Deine Schwester ist ertrunken?«

»Ja. Eben war sie noch da, jetzt ist sie nicht mehr da. Darum denke ich, daß sie ertrunken ist.«

Die junge Mutter wirbelt herum wie eine Möwe und will gerade rufen ... da entdeckt sie die »Ertrunkene« in einer sandigen Wanne, wo sie wie ein Foxterrier gräbt ...

»Jojo! Schämst du dich nicht, solche Geschichten zu erfinden, um mich vom Lesen abzuhalten? Heute nachmittag bekommst du keinen Windbeutel mit Schlagsahne!«

Das gutmütige Dickerchen reißt seine arglosen Augen auf.

»Aber ich wollte dich nicht ärgern, Maman! Jeannine war auf einmal nicht mehr da, darum dachte ich, sie wäre ertrunken.«

»Mein Gott! Er dachte es!!! Und das war alles?«

Konsterniert betrachtet sie mit gefalteten Händen ihren dicken kleinen Jungen über den Abgrund hinweg, der einen zivilisierten Erwachsenen von einem kleinen ungezähmten Kind trennt ...

Mein kleiner Bullterrier hat den Kopf verloren. Dem Strandläufer und Regenpfeifer auf den Fersen, bleibt er stehen, rast dann kopflos davon, gerät außer Atem, stürzt sich ins Schilf, bleibt stecken, schwimmt und kehrt ohne Jagdbeute, aber begeistert, ein imaginäres Vlies um sich schüttelnd, zurück ... Und ich begreife, daß er größenwahnsinnig geworden ist und sich für einen Spaniel hält ...

Die Nonne und Ritter Rotfuß plaudern mit dem Harlekin. Die Nonne neigt den Kopf und läuft dann kokett davon, damit man ihr folgt, und stößt kleine Schreie aus ... Ritter Rotfuß, gestiefelt in orangefarbenem Maroquin, pfeift mit zynischer Miene, während der Harlekin sie, verstohlen und scheinheilig, belauert ...

Oh, lüsterner Leser, der Sie sich eine Anekdote im schlüpfrigen Stil von einst erhoffen, lassen Sie sich eines Besseren belehren: ich erzähle Ihnen nur von den munteren Spielen dreier hübscher Sumpfvögel.

Charmante Namen haben diese Meeres- und Sumpfvögel, Namen, die nach Commedia dell'arte, ja nach Heldenroman riechen – wie der *Chevalier combattant*

(Wasserläufer), jener kämpfende Ritter aus vergangenen Zeiten, der einen Brustharnisch, eine gesträubte Halskrause und Federhörner auf der Stirn trägt. Ein verwundbarer Harnisch, harmlose Hörner, aber das Männchen macht seinem Namen alle Ehre, denn die Wasserläufer töten einander unter den friedfertigen Blicken ihrer Weibchen, einem kugelförmig im Sand kauernden gleichgültigen Harem ...

Mit seinem dünnen Hals stolziert der Säbelschnäbler, bedacht auf sein so sauberes, gut geschnittenes, hübsches schwarzweißes Kleid, pikiert einher ... Doch seine bläulichen Stiefel machen die ganze distinguierte Aufmachung durch ihre fragwürdige Note zunichte ... Er ist nicht etwa Brummel[1], sondern Boni de Castellane[2].

In einem kleinen Café am Hafen warten die Fischer, um wieder hinauszufahren, auf die Flut, die schon listig die Kiele der auf dem Sand unterhalb des Quais schräg aufgelaufenen Boote kitzelt. Es sind Fischer wie überall, in geteertem Segeltuch, blauen Pullovern und stumpfnasigen Holzschuhen. Die Alten tragen einen Kinnbart und eine kurze Pfeife ... Das übliche, von Chromolithographien und Momentaufnahmen verbreitete Klischee.

Sie trinken Kaffee und lachen ausgelassen, mit jenen hellen, gedankenleeren Augen, die uns Landbewohner so betören. Einer von ihnen ist auf theatralische Weise schön, weder jung noch alt, mit dichtem krausem Haar und Bart, die blasser sind als seine sonnengebräunte

Haut, mit gelben Augen, den Pupillen einer verträumten Ziege, die so gut wie niemals zwinkern.

Das Meer ist angestiegen, die Boote tanzen in der Bucht an ihren Ankern, und ihre Bäuche stoßen miteinander an. Ein Fischer nach dem anderen bricht auf und drückt dem hübschen Burschen mit den goldenen Augen die Hand: »Auf Wiedersehen, Canada.« Am Ende bleibt Canada allein in dem kleinen Café zurück und steht da, die Stirn an der Fensterscheibe und mit einem Glas Schnaps in der Hand ... Worauf wartet er? Ich werde ungeduldig und beschließe, ihn anzusprechen:

»Fahren sie weit hinaus?«

Seine langsame Geste und sein weiter Blick weisen hinaus aufs Meer:

»Dorthin. Dieser Tage gibt's viele Krabben. Limanden gibt's und Makrelen und Seezungen ... Von allem etwas ...«

»Fischen Sie denn heute nicht?«

Die goldenen Pupillen wenden sich mir ein wenig verächtlich zu:

»Ich bin kein Fischer, meine liebe Dame. Ich arbeite *(sic)* mit dem Photographen an Postkarten. Ich bin der 'lokale Typ'.«

Am Rande eines weißen Strandes

Für Georges Richard

SONNENBAD. – »Poucette, du wirst dein Blut noch zum Kochen bringen! Komm sofort her!« Von der Terrasse herab angeherrscht, hebt die Bullterrierin lediglich ihre bronzefarbene japanische Monsterschnauze. Ihr bis zum Nacken gespaltenes Maul (mit einer gekräuselten Zunge, rosa wie eine Begonie und verziert) öffnet sich nur einen Spaltbreit für ein kurzatmiges, anhaltendes Hecheln. Ihr übriger Körper liegt ermattet am Boden, wie der einer toten Kröte … Sie hat sich nicht gerührt; sie wird sich nicht rühren, sie schmort …

Heißer Dunst liegt über der Bucht der Somme, wo die Ebbe, glatt wie ein See, sich kaum bewegt. Hinter diesem feuchten, blauen Nebel scheint die Pointe de Saint-Quentin vage wie ein Trugbild zu beben und zu schweben … Den schönen Tag erleben, ohne zu denken, nur mit einem wollenen Badeanzug bekleidet!

… Mein nackter Fuß betastet zärtlich den warmen Stein der Terrasse, und ich amüsiere mich über Poucettes Hartnäckigkeit, die mit dem Lächeln einer Gemarterten ihre Sonnenkur fortsetzt… »Kommst du wohl her, du Scheusal!« Und ich steige die Treppe hinunter, deren letzte Stufen in einem Sand versinken, der beweglicher ist als die Meereswoge, jenem lebendigen Sand, der vorrückt, wogt, einsinkt, der fliegt und an einem windigen Tag auf dem Strand Hügel erschafft, die er tags darauf wieder einebnet ...

Der Strand blendet und schickt mir unter meiner bis zu den Schultern heruntergeklappten Strohglocke eine emporsteigende Hitze ins Gesicht, den plötzlichen Atemstoß einer geöffneten Bratröhre. Instinktiv schütze ich meine Wangen mit offenen Händen und abgewandtem Gesicht, wie vor einem zu stark lodernden Kaminfeuer ... Meine Zehen durchwühlen den Sand, um unter der blonden, glühenden Asche die salzige Frische, die Feuchtigkeit der letzten Flut zu finden...

In Le Crotoy schlägt es zwölf, und mein kurzer Schatten, einen Pilz auf dem Kopf, rollt sich mir zu Füßen zusammen ...

Wie angenehm, sich zu spüren, wehrlos und unter dem Gewicht eines makellos schönen Tages, zu zögern, eine Minute lang, zu wanken, mit von tausend Nadeln gestochenen Waden, mit kribbelnden Lenden unter dem blauen Badeanzug neben der hechelnden Hündin über den Sand zu gleiten!

Ich liege auf dem Bauch, zur Hälfte bedeckt von einem sandigen Leichentuch. Wenn ich mich rühre, ergießt sich ein feines pudriges Rinnsal in meine Kniekehlen, kitzelt meine Fußsohlen ... Das Kinn auf meinen gekreuzten Armen, begrenzt der Rand der Binsenglocke meine Blicke, und ich kann ganz ungeniert meinen Gedanken freien Lauf lassen, mich im Schatten einer

Strohhütte in die Seele eines Schwarzen versetzen … Unter meiner Nase hüpfen träge drei Strandflöhe, ihre Körper durchsichtig wie grauer Achat … Hitze, Hitze … Fernes Rauschen der steigenden Flut, oder des Blutes in meinen Ohren? … Köstlicher, flüchtiger Tod, in dem mein Denken sich weitet, aufsteigt, zittert und mit dem über den Dünen vibrierenden azurnen Dunst vergeht …

EBBE. – Kinder, Kinder … Gören, Knirpse, Bälger, Rangen, Steppkes … Der Jargon reicht nicht aus, es sind zu viele! Zufällig gerate ich auf dem Rückweg zu meiner abgelegenen, fernen Villa in diese Froschlache, in dieses lauwarme Becken, das das Meer tagtäglich auffüllt und zurückläßt …

Rote Jerseys, blaue Jerseys, geraffte Badehosen, Sandalen; – Glockenhüte aus Stroh, Baskenmützen, Häubchen mit Volant; – Eimer, Schaufeln, Liegestühle, Wachhäuschen … All das, was eigentlich entzückend sein sollte, erweckt in mir Melancholie. Erst einmal sind es zu viele! Und dann kommen auf ein hübsches, pausbäckiges, sonnengebräuntes Kind, das fest auf kräftigen Waden steht, wie viele kleine Pariser – Opfer einer althergebrachten mütterlichen Überzeugung: »Das Meer tut den Kindern so gut!« Da sind sie, halb nackt, erbärmlich in ihrer nervösen Magerkeit, mit dicken Knien, Grillenkeulen, hervorstehenden Bäuchen … Ihre zarte Haut ist innerhalb eines Monats bis hin zu einem Kastanienzigarrenbraun dunkel geworden; das ist alles, und das reicht auch. Ihre Eltern halten sie für robust, dabei haben sie sich nur verfärbt. Sie haben noch immer ihre tief umschatteten großen Augen, ihre jammervollen Wangen ... Das ätzende Wasser schält ihre armen Waden, stört ihren Schlaf durch tagtägliches Fieber, und der geringste Vorfall löst bei ihnen das Gelächter oder die raschen Tränen kleiner Nervenbündel aus, die mit Priemsaft eingerieben worden sind ...

Bunt durcheinander, Mädchen und Jungen, wird geplanscht, der Sand einer »Festung« angefeuchtet, das Wasser einer salzigen Pfütze kanalisiert ... Zwei »Krebse« im roten Jersey arbeiten Seite an Seite, Bruder und Schwester mit demselben verbrannten blonden Teint, vielleicht Zwillinge von sieben oder acht Jahren. Beide haben unter der Pomponmütze dieselben blauen Augen, dasselbe Käppchen aus geschnittenem Haar über den Brauen. Trotzdem kann das Auge sie nicht verwechseln, und auch wenn sie sich ähnlich sehen, sie gleichen einander nicht.

Ich vermag nicht zu sagen, wodurch das kleine Mädchen bereits ein kleines Mädchen ist. Sind es die linkisch und feminin ein wenig nach innen gedrehten Knie? ... Sollte sich etwas an den kaum angedeuteten Hüften mit ungewollter Grazie sanfter ausweiten? Nein, vor allem ist es die Gestik, die sie verrät. Ein kleiner, gebieterischer nackter Arm kommentiert und betont alles, was sie sagt. Sie macht geschmeidige Kehrtwendungen mit ihrem Handgelenk, bewegt flink Finger und Schulter, stützt ihre Faust kokett in die Mulde ihrer künftigen Taille ...

Für einen Augenblick läßt sie ihre Schaufel und ihren Eimer fallen, bringt ich weiß nicht was auf ihrem Kopf in Ordnung; – mit erhobenen Armen, hohlem Kreuz und geneigtem Nacken schreitet sie graziös voran, so wie sie eines Tages, ebenso aufrecht und mit gestrafftem Körper, den Tüll ihres Schleiers vor dem Spiegel einer Junggesellenwohnung binden wird ...

WALD VON CRÉCY. – Dieses Flachland der Picardie verwirrt mich! Auf der mit poliertem, hartem, für die Reifen verhängnisvollem bläulichem Porphyr beschotterten Straße, die sich windet, zu sich zurückkehrt, eine verräterische Kurve hinter einem Ulmenhain einschlägt, gerät das Automobil außer Atem, verliert seinen Schwung, stemmt sich gegen seine Bremsen, geht durch wie ein zu straff gezügeltes Pferd ... Mir wird ein wenig schwindelig, dazu das Gefühl, sinnlos herumzukurven, nirgendwohin ... Dennoch erreichen wir den dichten, riesigen, majestätischen Wald von Crécy, der in dieser auf so banale Weise unwirtlichen Gegend so verblüffend ist wie eine Kathedrale in einem Hinterhof ...

Beim ersten Hauch des Waldes weitet sich mir das Herz. Ein früheres Ich richtet sich auf, zittert vor wehmütiger Freude, spitzt die Ohren, mit verdeckten Nasenflügeln, um den Duft einzuatmen ...

Der Wind vergeht unter dem Gewölbe der Alleen, wo die schwere, moschusträchtige Luft sich kaum noch wiegt ... Eine weiche Duftwelle lenkt die Schritte zur wilden Erdbeere, die hier, rund wie eine Perle, heimlich reift, dunkel wird, erbebt und zu Boden fällt, sich langsam auflöst zu einer süßen erdbeerige Fäulnis, deren Aroma – vermengt mit dem eines grünlichen, von Honig klebrigen Geißblattes und dem einer Runde weißer Pilze – einen trunken macht ... Sie sind diese Nacht geboren und heben mit ihren Köpfen den von Blättern und Reisig knisternden Teppich an ... Sie haben das fragile, matte Weiß neuer Handschuhe, beperlt, feucht wie die Nase eines Lamms; sie duften nach frischem Trüffel und Tuberose ...

Unter dem jahrhundertealten Hochwald weiß das feierliche grüne Dunkel nichts von der Sonne und den Vögeln. Der gebieterische Schatten der Eichen und Eschen hat das Gras, die Blumen, das Moos bis hin zum Insekt vom Boden verbannt. Uns folgt ein beunruhigendes Echo, das den Rhythmus unserer Schritte verdoppelt ... Man vermißt die Ringeltaube, die Meise; man sehnt sich nach dem fuchsroten Sprung eines Eichhörnchens oder dem leuchtenden kleinen Hinterteil der Kaninchen ... Hier ist der Wald der Feind des Menschen, erdrückt ihn.

Gleich neben meiner an den Stamm der Ulme, gegen die ich mich lehne, geschmiegten Wange schlummert ein schöner Nachtfalter, dessen Namen ich kenne: Bläuling ... Geschlossen, in Form eines Blattes hingestreckt, wartet er auf seine Stunde. Heute abend, wenn die Sonne untergegangen ist, morgen, im benetzten Tagesanbruch, wird er seine schweren bunten fahlrot-grauschwarzen Flügel entfalten. Er wird wie eine kreisende Tänzerin in Spiralen emporsteigen und zwei weitere, kürzere, glänzende Flügel offenbaren, so rot wie eine reife Kirsche, mit Streifen aus schwarzem Samt; auffällige Dessous, festliches nächtliches Untergewand, das während des Tages ein unscheinbarer Mantel verbirgt ...

Anmerkungen

1 Brummel, Georges, engl.Dandy (London 1778-Caen 1840), genannt 'Le Roi de la mode'

2 Boniface de Castellane, Herzog, Maréchal de France (1788-1862)

Marie Luise Kaschnitz

Am Strande

Heute sah ich wieder dich am Strand
Schaum der Wellen dir zu Füßen trieb
Mit dem Finger grubst du in den Sand
Zeichen ein, von denen keines blieb.

Ganz versunken warst du in dein Spiel
Mit der ewigen Vergänglichkeit,
Welle kam und Stern und Kreis zerfiel
Welle ging und du warst neu bereit.

Lachend hast du dich zu mir gewandt
Ahntest nicht den Schmerz, den ich erfuhr:
Denn die schönste Welle zog zum Strand,
Und sie löschte deiner Füße Spur.

Katherine Mansfield

Flitterwochen

Und als sie aus dem Spitzenladen kamen, standen da der Kutscher und der Wagen, den sie ›ihren‹ Wagen nannten, und warteten unter einer Platane auf sie. Was für ein Glück! War es etwa kein Glück? Fanny drückte den Arm ihres Mannes. Derartige Dinge schienen sie immer wieder zu erleben, seit sie – im Ausland waren. Fand er das nicht auch? Aber George stand bloß auf der Bordschwelle, hob seinen Stock und stieß ein lautes Heda! aus. Fanny war die Art, wie George die Mietwagen herbeirief, manchmal ein bißchen peinlich, aber den Kutschern schien es nichts auszumachen, also war es wohl in Ordnung. Dick, gutmütig und lächelnd stopften sie das Blättchen weg, das sie gerade lasen, rissen die Baumwolldecke vom Pferd und waren bereit, zu gehorchen. »Hör mal«, sagte George und half Fanny beim Einsteigen, »wie wär's, wenn wir unsern Tee dort tränken, wo die Hummer wachsen? Möchtest du das?«

»Furchtbar gern«, sagte Fanny begeistert, lehnte sich an und fragte sich, warum die Art, wie George etwas vorschlug, alles so besonders nett klingen ließ.

»Also gut – bien! » Er setzte sich neben sie. *»Allez!«* rief er forsch, und sie fuhren los.

Sie fuhren los und sausten flott im grüngoldenen Schatten der Platanen dahin, durch kleine Gassen, die nach Zitronen und frischem Kaffee rochen, am Brunnenplatz vorbei, wo Frauen mit hochgestemmten Wassereimern zu schwatzen aufhörten und ihnen nachblickten, um die Ecke und am Café mit seinen roten und weißen Sonnenschirmen, den grünen Tischen und den blauen Siphonflaschen vorbei und schließlich auf die Strandpromenade. Dort kam ein leichter, warmer Wind über das endlos weite Meer hergezogen. Er streifte George, und vor Fanny schien er zu zögern, während sie beide auf das glitzernde Wasser hinausblickten. Und George sagte: »Famos, was?« Und Fanny sah träumerisch drein und sagte, was sie mindestens zwanzigmal täglich gesagt hatte, seit sie – im Ausland waren: »Ist es nicht erstaunlich, wenn man bedenkt, daß wir hier ganz allein sind, weit weg von allen Leuten, wo niemand uns sagen kann, nach Hause zu gehen, oder uns herumkommandieren kann – ausgenommen wir selber?«

George hatte es längst aufgegeben, ›ja, erstaunlich‹ zu antworten. Meistens küßte er sie nur. Doch jetzt nahm er ihre Hand, steckte sie in die Tasche, drückte ihre Finger und sagte: »Als kleiner Junge habe ich immer eine weiße Maus in meiner Tasche herumgetragen.«

»Nein, wirklich?« rief Fanny, die sich wahnsinnig für alles interessierte, was George jemals getan hatte. »Hast du weiße Mäuse so gern gehabt?«

»So ziemlich«, sagte George etwas lahm. Er beobachtete etwas, was jenseits der Badetreppen auf und ab hüpfte. Plötzlich sprang er fast vom Sitz hoch. »Fanny«, schrie er, »da draußen ist jemand im Wasser! Siehst du ihn? Ich hatte keine Ahnung, daß die Leute hier schon mit dem Baden angefangen haben. Es ist mir all die Tage einfach entgangen!« George starrte auf das gerötete Gesicht und die geröteten Arme, als könne er sich von dem Anblick nicht losreißen. »Jedenfalls«, brummte er vor sich hin, »sollen mich keine zehn Pferde davon abhalten, morgen früh ins Wasser zu gehen.« Fanny sank das Herz. Seit Jahren hatte sie von den furchtbaren Gefahren des Mittelmeers gehört. Es war die reinste Todesfalle. Das schöne, heimtückische Mittelmeer! Da lag es behaglich vor ihnen hingestreckt, berührte mit seinen weißen Seidenpfoten die Steine und zog sich wieder zurück ... Doch sie hatte schon lange vor ihrer Heirat den festen Entschluß gefaßt, nicht zu der Sorte Frauen zu gehören, die sich in ihres Mannes Vergnügungen einmischten, deshalb sagte sie nur leichthin: »Vermutlich muß man über die Strömungen sehr gut Bescheid wissen, ja?«

»Ach, ich weiß nicht«, antwortete George, »die Leute reden einen Haufen Blödsinn über die Gefahren.«

Doch jetzt fuhren sie auf der Landseite an einer hohen Mauer entlang, die mit blühendem Heliotrop überzogen war, und Fanny hob ihre kleine Nase.

»Oh, George«, hauchte sie, »dieser Duft! Die köstliche ...«

»Erstklassige Villa!« sagte George. »Sieh mal hin – zwischen den Palmen kannst du sie erkennen!«

»Ist sie nicht ziemlich groß?« sagte Fanny, die jede Villa nur als möglicherweise in Frage kommenden Wohnsitz für sich und George betrachtete.

»Na ja, wenn man lange dort wohnen wollte, brauchte man einen Haufen Gäste«, erwiderte George. »Sonst wär's mordslangweilig. Aber sie ist wirklich glatt! Möcht' mal wissen, wem sie gehört!« Und er stach dem Kutscher mit dem Stock in den Rücken.

Der faule Kutscher, der keine Ahnung hatte, antwortete lächelnd – und wie immer auf solche Fragen –, es sei der Besitz einer reichen spanischen Familie.

»Scheint hier an der Küste 'ne Masse Spanier zu geben«, sagte George und lehnte sich wieder an, und sie schwiegen, bis sie um die Biegung kamen und das große, blendend weiße Hotel-Restaurant vor ihnen auftauchte. Davor war eine kleine, ins Meer hinausgebaute Terrasse mit Schirmpalmen und Tischen, und als sie sich näherten, eilten von der Terrasse und vom Hotel Kellner herbei, Fanny und George zu begrüßen und willkommen zu heißen und ihnen jeden erdenklichen Fluchtweg abzuschneiden.

»Draußen?«

Oh, natürlich wollten sie draußen sitzen! Der aalglatte Ober, der einem Fisch im Gehrock lächerlich ähnlich sah, glitt näher.

»Bitte, hier, mein Herr! Bitte hier entlang! Hier habe ich einen sehr netten kleinen Tisch!« schnaufte er. »Genau der richtige Tisch für Sie, Sir. Gleich hier in der Ecke! Hier, bitte!« George folgte ihm also und sah äußerst gelangweilt aus, während Fanny sich bemühte, ein Gesicht zu machen, als hätte sie endlose Jahre ihres

Lebens damit zugebracht, sich im Ausland zwischen Tischen hindurchzuwinden.

»Hier, mein Herr! Hier sitzen Sie sehr gut!« schmeichelte der Ober, nahm die Vase vom Tisch und stellte sie wieder hin, als wäre es ein aus der Luft herbeigezaubertes frisches Bouquet. George weigerte sich, sofort Platz zu nehmen. Er durchschaute diese Burschen – ihn konnte man nicht hereinlegen. Diese Kerls waren drauf erpicht, einen zu hetzen. Daher steckte er die Hände in die Tasche und sagte sehr gelassen zu Fanny: »Ist's dir hier recht oder würdest du lieber anderswo sitzen? Wie wär's dort drüben?« Und er deutete auf einen Tisch auf der entgegengesetzten Seite.

Wie gut es war, ein Mann von Welt zu sein! Fanny bewunderte ihn von Herzen, doch sie wollte nichts weiter, als sich hinzusetzen und wie alle andern auszusehen.

»Nein – ich – der hier gefällt mir«, sagte sie.

»Gut!« entgegnete George hastig, nahm beinah schneller als Fanny Platz und bestellte rasch: »Zweimal Tee und Schokoladeneclair!«

»Sehr wohl, Sir!« sagte der Ober, und sein Fischmund öffnete und schloß sich, als wollte er in der nächsten Minute wieder ins Wasser tauchen. »Also keinen Toast vorher? Wir haben sehr guten Toast!«

»Nein«, sagte George schroff. »Du willst doch keinen Toast, was, Fanny?«

»O nein, danke, George«, antwortete Fanny und betete im stillen, daß der Ober weggingе.

»Oder vielleicht möchte die Dame gern die lebendigen Hummer im Bassin dort anschauen, bis der Tee bereit ist?« Und er grinste und verzog das Gesicht und schwenkte seine Serviette wie eine Fischflosse.

Georges Blick wurde steinern. Wieder sagte er: »Nein!«, und Fanny senkte den Kopf über den Tisch und knöpfte ihre Handschuhe auf. Als sie wieder hochblickte, war der Mensch weg. George nahm den Hut ab, warf ihn auf einen Stuhl und strich sich das Haar glatt.

»Gott sei Dank, daß der Bursche weg ist«, sagte er. »Diese Ausländer sind so furchtbar lästig. Die einzige Möglichkeit, um sie loszuwerden, ist einfach, nicht mehr zu reagieren, wie du es eben bei mir beobachten konntest. Gott sei Dank!« seufzte George noch einmal und so inbrünstig, daß Fanny – aber das wäre zu unsinnig gewesen – sich hätte einbilden können, der Ober habe ihn genauso eingeschüchtert wie sie. Statt dessen war sie aufs neue von ihrer Liebe zu George überwältigt. Seine Hände lagen auf dem Tisch, große braune Hände, die sie so gut kannte. Sie sehnte sich, eine seiner Hände zu nehmen und innig zu drücken. Doch zu ihrem Erstaunen tat George genau dasselbe. Er beugte sich über den Tisch, legte seine Hand über die ihre und sagte, ohne sie anzublicken: »Fanny, liebste Fanny!«

»Oh, George!« Und in diesem himmlischen Augenblick hörte Fanny ›tring-tring-dudelü‹ und ein leichtes Gitarrenklimpern. Also gibt's gleich Musik, dachte sie, aber gerade jetzt war ihr die Musik nicht wichtig. Nichts war wichtig außer ihrer Liebe. Leise lächelnd blickte sie in das leise lächelnde Gesicht, und es war ein so beseligendes Gefühl, daß sie George am liebsten gesagt hätte: »Laß uns hierbleiben – hier, wo wir sind – an diesem Tischchen. Es ist unübertrefflich, und das Meer ist auch unübertrefflich. Laß uns bleiben!« Doch statt dessen wurden ihre Augen ernst.

»Liebster«, sagte Fanny, »ich muß dich etwas furchtbar Wichtiges fragen. Versprich mir, daß du antworten wirst! Versprich es!«

»Ich verspreche es!« erklärte George – ein wenig zu feierlich, um ebenso ernst zu sein wie sie.

»Es geht mir nämlich darum« – Fanny unterbrach sich eine Sekunde, senkte den Blick und sah wieder auf –, »findest du, daß du mich jetzt wirklich kennst?« fragte sie leise. »Mich kennst, wie ich wirklich bin?«

Das war zuviel für George. Seine Fanny kennen? Ein nachsichtiges, kindliches Grinsen flackerte auf. »Das sollt' ich wohl meinen!« beteuerte er. »Aber warum? Was ist los?«

Fanny spürte, daß er sie nicht ganz verstanden hatte. Rasch fuhr sie fort: »Ich meine Folgendes: es kommt so oft vor, daß Menschen, selbst wenn sie einander lieben, sich doch nicht – es ist schwer auszudrücken – sich gegenseitig doch nicht völlig kennen. Anscheinend wollen sie's auch gar nicht. In den allerwichtigsten Dingen mißverstehen sie einander!« Fanny blickte erschrocken auf. »George, bei uns kann das doch nicht vorkommen, nicht wahr? Niemals?«

»Bestimmt nicht«, lachte George und wollte ihr gerade erklären, wie sehr er ihre kleine Nase liebe, als der Kellner mit dem Tee kam und die Musik zu spielen begann. Es war eine Flöte, eine Gitarre und eine Geige, und sie spielten fröhlich, daß Fanny meinte, wenn sie nicht achtgäbe, würden sogar die Tassen und Untertassen kleine Flügel bekommen und davonfliegen. George vertilgte drei Schokoladeneclairs und Fanny zwei. Der Tee schmeckte zwar merkwürdig – »Hummer im Teekessel!« überschrie George die Musik –, aber er war doch ganz gut, und als sie das Tablett beiseite geschoben hatten und George rauchte, fühlte Fanny sich so weit gestärkt, daß sie auch die anderen Leute anschauen konnte. Was sie jedoch am meisten interessierte, das waren die Musikanten unter einem der dunklen Bäume. Der Dicke, der die Gitarre zupfte, war wie ein Bild. Der dunkelhaarige Flötenspieler zog ständig die Brauen in die Höhe, als wundere er sich selber über die Töne, die aus seiner Flöte kamen. Der Geiger stand im Schatten.

Die Musik hörte ebenso unvermittelt auf, wie sie begonnen hatte. Da erst fiel ihr ein hochgewachsener alter Mann mit weißem Haar auf, der neben den Musikanten stand. Seltsam, daß sie ihn nicht gleich bemerkt hatte. Er trug einen sehr hohen, blanken Kragen, einen Rock, der an den Säumen schon grünlich schimmerte, und beschämend armselige Knöpfstiefel. War auch er ein Kellner? Er sah nicht wie einer aus, und doch stand er da und blickte über die Tische hin, als denke er an etwas anderes, Fernliegendes, das nichts mit alledem hier zu tun hatte. Wer mochte er sein?

Und noch während Fanny ihn beobachtete, faßte er an seine Kragenspitzen, hüstelte leicht und drehte sich zu den Musikanten um. Sie begannen wieder zu spielen. Etwas Stürmisches, Übermütiges, voller Feuer und Leidenschaft wurde in die Luft geschleudert, wurde der stillen Gestalt zugeschleudert, die die Hände umklammerte und – noch immer mit dem in die Ferne schweifenden Blick – zu singen begann.

»Allmächtiger!« sagte George. Und alle andern waren anscheinend ebenso erstaunt. Sogar die kleinen Kinder, die ihr Eis vor sich hatten, starrten hin und hielten den Löffel hoch … Es war nichts zu hören als eine feine, schwache Stimme, die Erinnerung an eine Stimme, die etwas Spanisches sang. Sie zitterte, schwang sich zu den hohen Tönen auf, sank wieder und schien zu flehen, zu bitten, um etwas zu betteln – und dann wechselte der Ausdruck, und nun klang die Stimme ergeben, sie fügte sich, sie wußte, es war ihr versagt.

Kurz vor dem Schluß stieß ein kleines Kind ein quietschendes Lachen aus, doch jedermann lächelte – mit Ausnahme von Fanny und George. Ist das Leben denn auch *so?* dachte Fanny. Solche Menschen gibt es also. Und Leid gibt es! Wieder blickte sie auf das herrliche Meer, das die Ufer liebkoste wie ein Liebender, und auf den Himmel, der im Abendglanz erstrahlte. Hatten sie und George das Recht, so glücklich zu sein? War es nicht grausam? Es mußte noch etwas anderes im Leben geben, wodurch solche Dinge möglich wurden. Was war es? Fragend wandte sie sich zu George um.

Doch George hatte nicht dasselbe wie Fanny empfunden. Die Stimme des armen alten Knaben war in ihrer Art komisch, aber herrje!, brachte sie einem nicht zu Bewußtsein, wie großartig es war, so wie er und Fanny am Anfang von allem zu stehen? Auch George blickte auf das glitzernde, atmende Meer, und seine Lippen öffneten sich, als könnte er es trinken. Wie prachtvoll es war! Nichts als das Meer konnte einem das Gefühl einflößen, daß man auf der Höhe war. Und dort saß Fanny, seine Fanny, neigte sich vor und atmete so sanft.

»Fanny!« rief George sie an.

Als sie sich ihm zuwandte und er ihren weichen, verwunderten Ausdruck sah, war er so überwältigt, daß er um ein Haar über den Tisch gesprungen wäre und sie davongetragen hätte.

»Hör mal«, sagte er hastig, »laß uns gehen, ja? Laß uns ins Hotel zurückkehren. Komm! Komm, Schatz! Jetzt gleich!« Die Musikanten begannen zu spielen. »O Gott«, ächzte er beinah. »Laß uns gehen, ehe der alte Knacker wieder zu krächzen anfängt!«

Und einen Augenblick drauf waren sie weg.

GIOCONDA BELLI

Im Aquarium der Liebe

Unsere fischigen Körper
schlängeln sich einer am anderen.
Deine Wasserhaut schwimmt im Schlaf
neben der meinen
deine Schuppen leuchten im mondigen Licht
das einfällt durch die Ritzen
Durchsichtige Wesen schweben wir
hineingeworfen in das Wasser unseres vereinten Atems.
Die Flossen unserer Arme und Beine berühren sich im Morgengrauen
im Sauerstoff und der Wärme
die aufsteigt aus den weißen Algen
mit denen wir uns schützen vor Kälte.
An irgendeinem Punkt der Strömung
finden wir uns
glänzende Fische nähern sich den offenen Augen
winden sich und beschnuppern die bebenden Kiemen.

Ich schnappe nach dem Angelhaken deines Mundes
werde wach
und verliere die Rückenflosse
den Schwanz der Sirene.

Benoîte Groult
Die Silbermöwe

Ich habe vor etlichen Jahren den Glauben verloren, kurz nachdem ich das Institut Sainte-Clothilde nach der Schulzeit verlassen hatte. Und ich habe diesen Glauben meiner Kindheit nur einen kurzen Augenblick wiedergefunden, wegen einer Silbermöwe, einer irischen Silbermöwe.

Ich hatte entdeckt, daß man in Irland noch fischen kann, wie ich es so gerne in der Bretagne getan hatte, und daraufhin meine in Concarneau erworbenen dreimaschigen Netze nach Kerry verfrachtet, mit meinen Reusen, meinen Krabbennetzen, meinen Harpunen und anderen Geräten. Denn niemand, oder fast niemand fischt in Irland; niemand sammelt Strandschnecken bei Ebbe. Bloß keine Strandschnecken, die den Einwohnern fast genauso widerlich erscheinen wie eine Weinbergschnecke oder ein Frosch. Für den Fischereiliebhaber ist es also ein Schlaraffenland.

Gewiß, es ist hart, die Rundungen des bretonischen Granits, die Sanftheit der kleinen Buchten des Finistère, die beruhigende Nähe der kleinen Häfen gegen die Wildheit der westlichen Küste Irlands auszutauschen; eine Küste, die von einem Ozean gepeitscht und angegriffen wird, der ab dem amerikanischen Kontinent keinem Hindernis mehr begegnet. Aber die Windstillen sind himmlisch, lassen Hunderte von Inseln erscheinen, die der Atlantik nicht zu verschlingen vermochte: Eilande mit etwas Gras frisiert, wo einige Schafe weiden, oder auch ein Gewirr von wilden Felsen, die kein Mensch je anlanden konnte, Zuflucht für Kormorane und Austernfischer. Und die Krebse, die sich in die Reusen drängen, der fast tägliche Hummer, den wir nach Hause bringen, die drei Kilo schweren Seelachse, die an unseren Fischerleinen beißen, entschädigen uns für den *drizzle* (das Äquivalent für unseren bretonischen *crachin*), die Nebel und die Windstöße, denen wir selbst im August trotzen müssen.

Wir gehen jeden Morgen fischen. Auf dem Heimweg, während Paul die Fische an der Mole säubert, die am Ende der Bucht Derrynane liegt und als Bootsslip dient, kehre ich zurück, um das Boot vor Anker zu legen, einige Kabellängen vom Strand entfernt.

An jenem Morgen kniete ich auf dem Boden des kleinen Boots, als ich eine Hand auf meiner Schulter spürte. Woran denkt man, wenn man allein auf dem Meer ist und sich eine Hand auf die Schulter legt? An den Gott der Kindheit. Während einiger Sekunden habe ich die Reflexe wiedergefunden, die ich längst vergessen glaubte: Ich habe mich schuldig gefühlt, ich hatte meinen Glauben verleugnet, ein Rachegott kam, um mich zu bestrafen. Keine andere Erklärung fiel mir ein.

Ich habe den Schwamm hingelegt, mit dem ich den Boden des Bootes putzte, und sehr langsam den Kopf zu meiner Schulter gedreht, worauf die Hand immer noch lastete. Es waren die gespreizten Krallen eines Meeresvogels. Sein Schnabel befand sich ganz nah an meinem Auge, eine Sekunde lang habe ich geglaubt, daß er kam, um es auszuschlürfen, in der Manier von Hitchcocks Vögeln! Er betrachtete mich jedoch ohne Grausamkeit, sogar mit etwas, was ich für Sympathie hielt. Die Silbermöwen zeigen aber selten Sympathie für Menschen. Diese war wunderschön mit ihrem dunkelgrauen Rücken und ihrem weiß leuchtenden Gefieder am Bauch. An Bord gab es nichts zu essen, nicht einmal einen alten vergessenen Fisch, auch keine Pollackleber, die Meeresvögel so gern mögen. Die Silbermöwe war wegen mir da!

Ich muß gestehen, daß ich erleichtert war, die Hypothese der Hand Gottes ausschließen zu können. In meinem Alter hätte ich mein ganzes Gedankensystem ändern müssen, vielleicht gar meine Lebensart ... Ich habe die Ruder mit einer sehr langsamen Bewegung ergriffen, um meine Besucherin nicht zu verscheuchen, und begonnen in Richtung Bucht zu rudern. Auf halbem Weg flog sie mit einem kurzen Flügelstoß nach hinten auf den Bootsspiegel, wahrscheinlich durch mein Rudern aus dem Gleichgewicht gebracht. Sie schaute mich noch immer an. In ihrem Auge nahm ich jetzt Zärtlichkeit wahr. Sie wollte mir offensichtlich etwas sagen, eine Botschaft übermitteln.

Ich gehöre nicht zu den Menschen, die an Seelenwanderung und an Zeichen aus dem Jenseits glauben. Aber auf der »Insel der Gelehrten und der Heiligen«, wie man Irland nennt, fühlt man sich den Mysterien und den Legenden der keltischen Welt näher als anderswo. Umso mehr als ich im Westen die beeindruckenden Silhouetten der Skellig Rocks bei klarem Wetter erkennen konnte. Die Kleine Skellig, eine furchterregende steile Klippe über dem Wasser, und die Große Skellig, ein schmaler, 215 Meter hoher Fels, an dessen Gipfel sich einige Mönchszellen und die Ruinen einer winzigen Kapelle festklammern. Vierhundertzweiunddreißig schwindelerregende Stufen, die von einer Handvoll Gottesverrückter in den Fels gemeißelt wurden, von diesen gälischen Mönchen, die den christlichen Glauben bereits ab dem 5. Jahrhundert im barbarischen Abendland verbreitet haben. An diesem westlichen Ende der Welt scheint alles möglich, dort ist die Dichtung oft wahrhaftiger als die Geschichte.

Ich hatte gerade *Salz auf unserer Haut* veröffentlicht, dessen Held ein bretonischer Fischer ist – sein ganzes Leben vollzog sich auf dem Ozean. Die Frau, die ihn im Laufe seines Wanderlebens liebt, hat ihn »den Kormoran« genannt, gerade wegen seines langen Verschwindens. Der Roman erzählt die Geschichte einer Leidenschaft, die sich nicht im Alltag abspielen kann und wahrscheinlich deshalb nie aus ihren Herzen getilgt wird. Eine Leidenschaft, die sie manchmal bis ans Ende der Welt führt, um diese Liebe, die das bleibt, was sie am authentischsten und am tiefsten erlebt haben, wiederzufinden.

Im normalen Leben kann man nicht hoffen, einen Kormoran zu zähmen. Aber mein Kormoran, jener Fischer, der am Ende des Romans übrigens stirbt, hatte es geschafft, mir noch ein Liebeszeichen zu geben: Er hatte mir einen weniger wilden Boten geschickt, diese Silbermöwe, um mir im Namen der Seevögel und der Seemänner zu danken, aus ihm den schönsten Helden einer Liebesgeschichte gemacht zu haben.

Ich näherte mich der Mole, wo mich mein Mann erwartete. Die Silbermöwe musterte ihn … Paul gefiel ihr wahrscheinlich nicht, denn sie flog weg ohne sich zu verabschieden! Im Reich der Liebenden sind Ehegatten nicht erwünscht.

Ich dachte sie eines Tages wiederzusehen, aber in den Vogelschwärmen, die in dieser Gegend Kreise zogen, habe ich sie von anderen nicht unterscheiden können. Ihren Blick habe ich jedoch nie vergessen können, und jeden Sommer in Irland strecke ich die Hand aus, wenn sich eine Silbermöwe nähert: Ich bin sicher, daß sie mich anschaut.

Ingeborg Bachmann

Die große Fracht

Die große Fracht des Sommers ist verladen,
das Sonnenschiff im Hafen liegt bereit,
wenn hinter dir die Möwe stürzt und schreit.
Die große Fracht des Sommers ist verladen.

Das Sonnenschiff im Hafen liegt bereit,
und auf die Lippen der Galionsfiguren
tritt unverhüllt das Lächeln der Lemuren.
Das Sonnenschiff im Hafen liegt bereit.

Wenn hinter dir die Möwe stürzt und schreit,
kommt aus dem Westen der Befehl zu sinken;
doch offnen Augs wirst du im Licht ertrinken,
wenn hinter dir die Möwe stürzt und schreit.

Undine Gruenter

Aussicht mit Haarnadeln

Wieder bücke ich mich, um eine Haarnadel aufzuheben. Sie fällt mit einem leisen, feinen Klirren zu Boden, und ich bücke mich automatisch. Wenn ich mich bücke, sehe ich zwar das glänzende Parkett oder die geraden Fransen des Teppichs. Ich sehe das Glänzen, ich sah es, aber schon stehe ich wieder gerade und schiebe die Haarnadel in den Knoten, als hätte ich nichts gesehen. So ist es hundertmal gewesen, in den letzten Monaten. Gestern, als ich wieder gerade stand, sah ich im Abendzwielicht, als die untergehende Sonne vom Meer her direkt in mein Zimmer fiel, in der Glastür mein Profil. Den geraden Rücken, den Hals, das Profil mit der leicht gebogenen Nase und den Knoten im Nacken. Als ich das sah, dachte ich wie immer an anderes. An die Steuererklärung, die ich in ein paar Monaten zum ersten Mal allein abgeben muß, an den Lichtstreifen auf dem Meer oder an das Trockenfutter für den Hund, das ich in der Stadt vergessen hatte. Aber dann sah ich es wirklich, dieses Profil mit Knoten, und all die Haarnadeln, die ich in den letzten Monaten verloren hatte, fielen auf einmal wie Platzregen zu Boden. Ein ohrenbetäubender Lärm, und ich stand noch immer gerade. Dann ging ich im Zimmer herum, als lebte ich nicht seit Monaten in dieser Wohnung, ich stellte mich ans Fenster und blickte aufs Meer. Ein vollkommener Abend, kaum ein Wölkchen am Himmel, und die Sonne halb untergetaucht im spiegelnden Wasser. Aber ich wußte, daß die Dinge in meinem Rücken da waren, die Drucke nach alten Seestichen, die Sofas mit der Truhe als Tisch davor, der Perserteppich und das Klavier, und ich sah plötzlich, daß kein einziges Stück übriggeblieben war aus den vierzig Jahren mit Albert.

Wir hatten ein Hotel in Trouville, und kurz vor seinem Tod verkauften wir das Hotel und das Haus und zogen in ein bequemes Appartement mit großer Terrasse in der Résidence du Parc Gordier. Wir wußten nicht, daß er sterben würde, wir waren gerade über sechzig und wollten uns hier zur Ruhe setzen und von den Zinsen aus dem Verkauf des Hotels leben. In der Résidence war es einsam und laut. Einsam, weil man im eigenen Haus nie so allein ist mit den eigenen Dingen wie in einem fast leeren Appartementhaus, das nur an Wochenenden und in den Ferien bewohnt ist. Laut, weil der Nachbar unter uns ein alter General war, halb taub und ein Trinker, der den ganzen Tag den Fernsehapparat laufenließ und vom Balkon herab krakeelte, wenn er unsere Hunde über den Parkplatz kommen sah, und wild mit dem Stock fuchtelte.

Nach einigen Wochen beschlossen wir, noch einmal umzuziehen und in Ruhe eine ruhigere Wohnung zu suchen. So fing die Retraite an. Dabei war ich froh, daß Albert den früheren Alltag nicht vermißte, das Hotel am

Tag und am Abend die Papiere. Wir hatten noch immer zu tun mit dem Umzug. Es ist weniger einfach, aus einem geräumigen Haus in eine kleinere Wohnung umzuziehen als umgekehrt. Wir gaben ab, wir verkauften, wir verschenkten und hatten noch immer zuviel – doppelt gefütterte Vorhänge für alle Fenster, von meiner Schwiegermutter selbst mit der Hand genäht, Schulbücher und Spiele der Kinder, die den Speicher füllten, und die Betten in den Gästezimmern, in denen früher die Kinder gewohnt hatten. Platz für Gäste hatten wir nicht mehr, aber auch keine steilen Wendeltreppen, denn die Häuser in normannischen Städten bestehen fast nur aus Treppen und kleinen Zimmern und vielen Stockwerken.

Zweimal im Jahr mußte Albert nach Lisieux ins Krankenhaus, die Kur dauerte vierzehn Tage, denn vor zwei Jahren war er plötzlich operiert worden, an Krebs, und seitdem war der linke Arm halb steif. Er nahm es nicht gut, und oft schlug er den älteren unserer Yorkshire-Terrier aus Wut und ohne Grund, und je mehr er ihn schlug, desto mehr bellte er und störte die Nachbarn. Beim geringsten Geräusch schlug er an. Auch das war ein Grund, wieder auszuziehen. Der Hund war halb blind, und vielleicht bellte er deshalb, aus Angst, wenn er jemanden kommen hörte. Er starb als erster, und ich hätte schon damals sehen müssen, wieviel uns abhanden gekommen war bei dem Umzug. Ich wollte so vieles neu, praktisch, leicht, beweglich, passend für diese kleine Wohnung mit großer Terrasse. Im Haus hatten wir alten

Hausrat, normannische Möbel von unseren Eltern mit dunklen Schnitzereien und gestickten Wandteppichen und Sesselbezügen. Wir wollten reisen, als erstes wollten wir die Pyramiden ansehen, in Ägypten, und ich wollte Kurse belegen, in Italienisch und Deutsch. Aber dann war diese Stille da, diese verbissene Wut, der behende Hund und die ewigen Querelen mit dem krakeelenden General. Mir fehlte nichts, nicht das Hotel, nicht das Haus, nicht der Garten, in dem meine Schwiegermutter Fuchsien und Rosen gezüchtet hatte. Ich hatte überlegt, ob ich meine Haare schneiden lassen solle, ich dachte an einen kurzen Schnitt mit Seitenscheitel und schrägem Pony, aber aus irgendeinem Grund ließ ich es. Nicht weil die Kinder lächelten, wenn sie über meinen Knoten redeten und sagten, Papas Gedächtnisknoten, sie trägt ihn Papa zuliebe, wie in ihrer Jugend. Ich glaube, sie nennen es heute Aktivität und Dynamik, wenn Leute über sechzig ihre Einrichtung wechseln und ein neues Leben anfangen. Aber da war die verbissene Wut und der alte Hund, und sie bemerkten nicht einmal, daß auch alle silbernen Rahmen mit ihren Photos vom Kamin verschwunden waren. Wenn sie gefragt hätten, hätte ich gesagt, ich sparte auf diese Weise das ewige Staubwischen und Silberputzen.

Mittwoch und Sonntag gingen wir auf den Wochenmarkt nach Trouville, und so ging ein Tag herum und ein zweiter. An diesen Tagen ist die Stadt vollgestopft mit Blech, denn der Parkplatz auf der Place du Casino ist gesperrt, und es kommen viele mit dem Auto vom Land in die Stadt, weil sie auf dem Markt billig alles einkaufen können, was sie brauchen. Töpfe und Scheren, Honig und Wurst, Fleisch und Geflügel, Blumen, Taschen und Kleider. Nach Alberts Tod habe ich mich manchmal gefragt, ob ich diese wöchentlichen Markttage als öde Wiederholungen empfunden habe. Die vierzigjährige Mademoiselle Béjart aus Toucques mit ihren eingelegten Heringen und Gurken und ihrem Prozeß gegen den Fiskus, wegen eines Nachbargrundstücks. Das Ehepaar Hulot mit Gänsen und Truthähnen und einer Geflügelterrine, die eine Köstlichkeit ist, aber seit Jahren dieselbe. Der Alte, der auf einer Bank am Meer schläft unter dem Dach der Badekabinen und mit ein paar Plastiktüten herumstreift, um Abfälle zu ergattern. Der Notar Maître Decoin, der es nicht lassen kann, auf den Balkon seiner Kanzlei zu treten und sich das Treiben anzusehen und das Mädchen herunterzuschicken, um den Chèvre von Madame Cheville zu kaufen, er reichert auf diese Weise das Nachtmahl an und bringt – jeden Mittwoch – eine Überraschung für seine Frau mit. Der amerikanische Maler, der seine Staffelei eine Zeitlang auf der Auffahrtsrampe vor dem Casino aufgestellt hatte und daneben einen Karton mit Acrylfarben. Ein anderer Maler hat die Wände des Coupole bemalt mit Strandszenen, gestreifte T-Shirts, Basketballkappen, im Wind wehende Zeltplanen. Sehr blau, sehr rot, einfach im Strich und kein Edward Hopper. Dieser trostlos simple, vergnügte

Stil eignet sich nur für ein Strandcafé, nicht für ein Café im Stadtzentrum. Der Maler machte sich sehr gut unter der Leuchtschrift des Casinos Louisiana Follies, und ich machte ein Photo von ihm und Albert, der mit seiner Windjacke und Kappe auch aussah wie ein Maler, nicht wie ein Hotelier in der Retraite. Sein Gesicht war rot von Wind und Wetter, aber das war das Cortison. Von da oben, von der Rampe, hatte man einen ausgezeichneten Blick über die Stände, Markisen und Schirme, über die Schlangen, die bei Cavière wegen des Cidre anstanden oder bei Lavalle wegen der Saucisson sec, und auch über die Hunde, die rund um den Markt an Pfosten angeleint warten mußten oder die frei zwischen den Ständen hin und her flitzten. Einkaufen in der Provinz ist ein Beruf für sich, und kaum ein Patron hält es für ehrenrührig, selbst auf den Markt zu gehen oder an die Quais, wo die Fische gleich nach dem Fang verkauft werden. Trotzdem wußte ich, daß der Markt, das Einkaufen und der Trubel mir mehr Spaß machten als Albert – vielleicht hatte er zuviel Zeit mit der Hotelküche verbracht und den Großlieferungen von Sôle und Cabillaud. Er gab sich wohl als Kenner – prüfte auch manchmal den Pays d'Auge oder Camembert mit dem Daumen auf seine Reife. Aber er war froh, wenn er sich mit der Zeitung und einem Glas Ricard an einem Tischchen in der überfüllten Coupole oder dem Café du Port niederlassen durfte. Ich ließ die Tüten bei ihm stehen und gab vor, nach einer Muskatreibe oder einer Garnrolle zu suchen. Manchmal kam ich zurück mit einer Primel oder einer Bartnelke für das Küchenfenster, manchmal mit einem Sträußchen für seinen Nachttisch, denn das hatte ich nicht abschaffen können: ein Zimmer mit großem Bett und den Tischchen rechts und links, in diesem Punkt blieb er Sieger. Ich konnte stundenlang über den Markt streifen, froh, nicht mehr verhetzt zu sein wie in jenen Jahren, als ich meinen Posten an der Rezeption so schnell wie möglich wieder einnehmen mußte. Damals konnte ich gerade zum Friseur gehen und einmal quer über den Markt. Oder zu Mimi la Sardine nebenan, die auch teurer geworden ist, seitdem der alte Hotelkasten an der Ecke von der Mercure-Kette übernommen worden ist. Winzige Fenster, winzige Balkone, die ganze Fassade ist umgebaut zu einem Bunker, aber es ist das teuerste Hotel am Ort. Mimi la Sardine hat diese leichten Samtjacken mit großen Taschen und Knöpfen, nach denen alle verrückt sind. Man kann sie in die Waschmaschine stecken, und zu den Jacken gibt's Hosen und Röcke und Stirnbänder mit Knoten. Auch bei leichtem Regen war es schön auf dem Markt, man trat zwar in viele Pfützen, aber mit Gummistiefeln und einem kleinen Weißen vor dem Mittagessen ließ es sich aushalten. Sonntags las Albert keine Zeitung aus dem Westen, sondern das *Journal de Dimanche,* und manchmal las er mir vor, was die Prominenz in Paris schrieb. Einmal hatte ich mir dunkelrote Haarnadeln aus gelacktem Kunststoff gekauft, passend zu meinem Brillengestell. Ich zeigte ihm das Kästchen, es war windiges Wetter, und wir saßen in Regenjacken mit Kapuzen auf der neuen Terrasse des Café du Port. Terrasse hieß nichts anderes, als daß sie ein paar Gitter und Kübel mit Tuja aufgestellt und den Platz abgegrenzt hatten gegen den Parkplatz, früher hatten sie Tische und Stühle einfach auf das Pflaster gestellt. Wenn wir die Yorkshire mitnahmen, gab es nur Gezeter und Gekeife, und man konnte sein eigenes Wort nicht verstehen. Wir ließen sie schließlich meistens zu Hause oder im Auto, aber dann mußten wir wie früher schnell zurückkehren.

Zu Hause tröstete ich mich mit den Dingen, die auf dem Küchentisch ausgebreitet waren und ihre Gerüche verströmten, Pimpinelle oder Minze, Muskat oder Koriander. So schnell war der Morgen wieder vorüber, und Albert sah sich im Fernsehen ein idiotisches Mittagsmagazin für junge Leute an, vermutlich weil Karl Zéro unten in Trouville ein Ferienhäuschen gekauft hatte. Wenn er sich weniger für eingelegte Heringe und ausgestopfte Puter begeisterte, so interessierte er sich für Berühmtheiten aus Zeitung und Fernsehen, er war es, der sie, wenn einer von ihnen im Hotel abstieg, um ein Autogramm bat. Die Küste wimmelt im Herbst während des Festivals in Deauville nicht nur von amerikanischen Filmstars. Bescheidene Ansprüche finden das ganze Jahr über Nachschub: französische Fernsehmoderatoren. Schließlich – jahrzehntelang Hotelbesitzer in Trouville, und man hat *les amis*. Trotz Arbeit, trotz Mangel an Zeit. Jetzt trafen wir uns manchmal Mittwoch oder Sonntag mit solchen Freunden nach dem Markt im Café oder fuhren zum Essen in ein Restaurant an der Küste. Und Albert hatte die *copains* im 4 Voiles oder Central, sie spielten manchmal eine Partie oder würfelten um ein Rosenbeet oder eine Kiste Champagner. Sie verbargen wie alle schlechte Geschäfte oder Sorgen in der Familie voreinander, und wer sich zur Ruhe setzte, hatte seine Geschäfte offiziell glänzend geregelt. Am Ende kamen die Wahrheiten doch heraus, die Steuernachzahlungen und die Verluste beim Verkauf eines alten Autos oder die Kosten für eine neue Behandlung. Und am Ende war Alberts Arm kaum zu gebrauchen. Aber er war da, er steckte in Hemdsärmeln und Jackenärmeln und Mantelärmeln. Und er konnte die Gabel halten.

Und am Ende hatten wir ein großes Essen, Sonntag mittag, die ersten Gäste nach dem Umzug, und an diesem Tag fingen die Schmerzen wieder an, und ich meldete ihn gleich am nächsten Tag in der Klinik in Lisieux an für neue Untersuchungen. Das Wetter war schön an jenem Sonntag, wir hatten Monate gewartet, um Leute einzuladen, und trotz General und trotz keifender Hunde waren wir jetzt soweit. Viele Blumen kamen und sogar Salz und Brot, und wir hatten eine lange Tafel und Sonne vom Meer auf dem Silber und dem Geschirr. Noch einmal die Sôle normande, das war Albert und seine Hotelküche, und Bintaden mit Reineclauden, das war ich und mein neues leichteres Leben. Der Wein floß, und der Mittag zog sich hin bis in den frühen

Abend, und alle ereiferten sich über die neue Währung und sagten, es sei höchste Zeit, daß der EURO komme, und sprachen es aus wie *héro*. Aber die letzten Helden waren unsere Väter gewesen, und alle behaupteten, wir hätten, selbst in der Provinz, Chauvinismus und Patriotismus abgelegt und unterhielten selbst zu den Deutschen und Engländern aufgeklärte Beziehungen. Henri Pichaud, der Dekorateur, hatte gerade erzählt, seine kleine Tochter, dreizehn Jahre, äußere zur Zeit seltsame Ansichten. Sie wolle ein französisches Frankreich, und wenn sie in Paris zu Besuch sei, sehe sie nur schwarze Gesichter. Madame Heupine, die Lehrerin, versprach dem besorgten Vater ein Buch, *Le racisme expliqué à ma fille*, geschrieben von einem Pariser Schriftsteller, einem Marokkaner, glaube ich, und dann rückte er damit heraus, daß er als junger Mann Fallschirmjäger war im Algerienkrieg – junges Kriegshandwerk und Schweigen, aber das war vorbei, und was nicht vorbei war, glaubte er, war Verständigung mit den Nachbarn Frankreichs. Albert hatte ein gerötetes Gesicht, er saß am Kopfende des Tisches, ob es der Sonnenstreifen war oder der Wein oder ein heimlich geschlucktes Schmerzmittel. Als alle gingen, sagten sie, es gehöre Mut dazu, sich von all den Dingen zu trennen, die man ein Leben lang mit sich herumschleppe, im Grunde schleppten sie alle Ballast mit sich herum, und ich sagte, Plunder und Kram.

Albert verschwand für Wochen ins Krankenhaus, sie behielten ihn gleich da und hängten ihn an Infusionen, und der Arzt sagte mir, höchstens noch drei, vier Monate. Ich brachte ihm Obst, Zeitungen und ein kleines Schachspiel und begrub den blinden, alten Hund, der eine Niereninfektion hatte. Der kleine war ohne das Gebell des Älteren ganz verängstigt und saß stundenlang unter dem Tisch und wartete mit gespitzten Ohren auf etwas, das nicht kam. Die Kinder gingen abwechselnd nach der Arbeit ins Krankenhaus, es war keine Wut mehr da und kein Schlagen, nur Schmerzmittel und kaum Schlaf. Weihnachten entließen sie ihn plötzlich und brachten ihn nach Hause, und wenn ich mich einen Moment hätte täuschen lassen und geglaubt hatte, es ginge ihm besser und wir könnten Weihnachten feiern, sah ich schnell, daß ich die Aufgabe kaum bewältigen konnte. Er trug jetzt ein eisernes Korsett und hätte ein spezielles Bett gebraucht mit verstellbaren Matratzenteilen, um sich halten und schlafen zu können. Ein entsprechendes Bett käme frühestens im Januar, so schlief er im Sitzen im Sessel, drei Tage, gehalten von seinem Korsett und von Morphium. Das große Bett mit den Tischchen rechts und links war umsonst. Er sagte nichts mehr, ein verbissenes, wütendes und verquältes Schweigen, und ich hörte mir selbst zu wie einer tatkräftigen Marktfrau, wenn ich ihm laut zuredete oder den Kindern am Telephon die unzumutbare Lage schilderte, die das Krankenhaus mir aufgebürdet hatte. Drei Tage, dann starb er, ich hatte gerade den Hund ausgeführt, starb in seinem Sessel, und alles ging blitzschnell unter in warmem Weihnachtswetter, in weicher Luft und sanftem Regen, im Wind auf den Höhen des Friedhofs und meinen Tränen und schwarzem Schleier.

Eine Weile kamen die Kinder mich täglich besuchen, ich schrieb Antworten auf die Kondolenzbriefe und ließ das verwaiste Hündchen nachts ins Bett. Das Wetter war zu schlecht zum Reisen, so blieb ich und verschob meine Witwenreise auf bessere Tage im Frühjahr. Ich fing an, die Rückseite unserer gemeinsamen Visitenkarte als Einkaufszettel zu benutzen und bestellte mir neue in der Papeterie, in englischer Schrift, das jedenfalls behielt ich bei, die elegante Schrift und Buchstaben in Relief und das Profil der Hotelbesitzerin für die *copains* an der Küste: Claire Beaumarc. Und im Herbst zog ich um, wie wir es geplant hatten, ein paar Straßen weiter in die Résidence du Calme. Sie liegt etwas tiefer in den Hügeln, nicht an der Straße nach Honfleur. Salon und Chambre und die Kammer für die Kleider, die Küche ist größer und die Terrasse geht auf die Wiesen, die sich den Hügel hinabziehen, die Wiesen in einem verwunschenen Gartengrundstück mit alten Obstbäumen, und ich hoffe, der Besitzer wird es noch eine Weile halten und nicht als Bauland verkaufen. In gerader Linie sieht man das Meer und die Küsten von Le Havre und Deauville, und ich verbringe viele Herbstabende auf der Terrasse, stillsitzend und ohne Beschäftigung. Ich denke nichts. Ich sehe das Meer, in diesen Tagen ist gegen Abend Ebbe, das Meer ist sanft und weit, die Tage sind schön und das

Wasser eine einzige ruhige Fläche aus blassem Blau. Sieht mich einer so sitzen, mag er wohl denken, der Anblick des Meeres sei Balsam für meine Trauer. Aber ich denke nicht. Ich fühle nichts, nichts Genaues. Ich genieße den Anblick nicht, weder als Schauspiel der Natur noch als ein Heilmittel gegen den Tod. Man könnte sagen, ich liebte das Meer, aber wenn ich es liebe, so habe ich wenig Zeit mit ihm verbracht. Die Leute, die hier leben, sind den Anblick gewohnt, und sie arbeiten Tag für Tag, wie anderswo auch. Ich gehe nicht einmal im Meer schwimmen, ich gehe in die Bäder, da ist das Wasser gewärmt. Der Mythos vom Meerblick ist nur ein Werbeklischee, das aus der Lage Kapital schlägt. In Wirklichkeit benutzen die Leute hier ihre Terrassen fast nie, als fürchteten sie, wenn alle auf ihren Balkonen säßen, sei es vorbei mit der exklusiven Ruhe. Radiogeplärr und Babygeschrei und laute Gespräche und Intimitäten, die über die Brüstungen hinweg zu hören sind. Die Fassade mit den weißgestrichenen Balkonen ist eine Kulisse. Vielleicht, daß der eine oder andere mit einem Gast den Apéritif im Stehen dort draußen nimmt. Und sagt: *Vue sur la mer.* Ich bleibe bis nachts dort sitzen, die Leuchttürme gehen an, und wenn die Flut steigt, fahren die Fischerboote aus, sie durchqueren die Rinne mit erstaunlicher Geschwindigkeit, und das laute Tuckern ihrer Motoren erfüllt die Luft. Vielleicht ist es eine Beschäftigung, das Meer zu betrachten, vielleicht ist es eine Art, ohne Leute auszukommen. Obwohl ich ein geselliger Mensch bin und weiter in das Institut zu den Stunden in Deutsch und Italienisch fahre. Aber wer mich so sitzen sieht, wird sagen, es sei ein Ersatz, das Meer, für die Abende zu zweit. Die Leute sind schnell fertig mit ihren Meinungen. Ein Auto ist Ersatz für Freiheit, ein Hund Ersatz für ein Kind und die Natur Ersatz für einen Toten. Aber das Meer ist kein Ersatz und keine Beschäftigung für mich. Kein Trost und kein Genuß. Es ist da, und ich verbringe die Abende allein bei seinem Anblick. Ich fühle mich nicht einmal einsam oder – nicht besonders einsam, einzigartig, hervorragend, ausgezeichnet. Wenn ich das Auto bei meiner Rückkehr geparkt habe und, noch ganz aufgekratzt vom Italienisch-Unterricht, auf das Haus zugehe, fällt mir die Stille auf, Lautlosigkeit, eine elegante Fassade im englischen, nachpalladianischen Stil, roter Backstein, weißer Giebel, Säulen und Treppen. Kein schlechter Geschmack stört mit Blumentöpfen die Ruhe der nachmittags schattigen, fast dunklen Frontseite. Schatten und Lautlosigkeit. Kein Mensch in der Halle. Dann fiel mir auf jenem Gang vor ein paar Monaten – oder Wochen – die erste Haarnadel aus dem Knoten, zwischen Auto und Säulentreppe. Eine Weile nahm ich sie gedankenlos auf und dachte, es läge am Plastik. Ich kaufte wieder die alten Haarnadeln aus Metall, ich trage meine Haare dunkel, und das Schwarz des Metalls fällt kaum auf. Dann dachte ich, mein Haar sei zu dünn geworden, durch den Kummer fielen mir Haare und Nadeln in Büscheln aus. Aber ich gab den Gedanken auf, sie abschneiden zu lassen. Es ist nichts mehr übrig an Erinnerungsstücken, und auch der Knoten gehört nicht mehr dazu. Und da – fallen zwei Nadeln zu Boden. Ich stehe am Fenster, Windstille, nichts rührt sich. Sie fallen zu Boden und bleiben liegen.

ANNA ACHMATOWA

Mit dem Morgengrauen erwachen,
Atemlos gewürgt vom Glück,
Zum Kajütenfenster drehn
Auf die grün wandernde Welle,
Tief im Flaumpelz eingehüllt,
Die Motoren klopfen hören,
Nun an nichts und niemand denken,
Und doch bis zum Wiedersehn
Mit dem, der mein Stern nun ist,
Im salzigen Regen und im Wind
Jede Stunde jünger werden.

Zu den Autorinnen

Anna Achmatowa (*1889 Odessa, †1966 Moskau), Tochter eines Ingenieursoffizier der Flotte im Ruhestand, kam in der Nähe von Odessa zur Welt, dort wo »das Meeresufer steil« ist. Sie schrieb mit elf Jahren ihr erstes Gedicht und verbrachte jeden Sommer am Ufer der Strelezker Bucht bei Sewastopol. »Dort freundete ich mich auch mit dem Meer an«, das sie als Symbol der Liebe und des Glücks in ihren Gedichten besingt.

Rose Ausländer (*1901 Czernowitz, †1988 Düsseldorf), aus einer deutsch-jüdischen Familie in der Bukowina stammend, fing mit 17 Jahren an zu schreiben, überlebte im Ghetto die Judenverfolgungen in ihrer Heimatstadt, wanderte 1946 in die USA aus und kehrte erst 1965 nach Deutschland zurück. Im Werk der Lyrikerin ist das Wasser, das in Verbindung mit Mythen, mit Venedig und mit dem Exil auftaucht, ein immer wiederkehrendes Motiv, als Möglichkeit der Spiegelung, als Bewegung und Veränderung.

Ingeborg Bachmann (*1926 Klagenfurt, †1973 Rom) lebte ab 1953 als freie Schriftstellerin in Italien, ihrem »erstgeborene(n) Land«, war in Rom, Neapel und Ischia nahe am Meer zu Hause. Die Autorin hat in ihren »Daseinsmetaphern«, z.B. in der Kurzgeschichte »Undine«, die Ausfahrt aus dem Hafen und aufs Meer als inneren

Aufbruch zu neuen Ufern beschrieben, das Wasser als lebensspendend und zugleich todbringend.

Gioconda Belli (*1948 Managua, Nicaragua) ist an einem See unweit des Meeres aufgewachsen und lebt heute an der Pazifikküste in Santa Monica/ Kalifornien. Die Meisterin der erotischen Gedichte ist zudem Autorin mehrerer Romane.

Colette (*1873 Saint-Sauveur-en-Puisaye, †1954 Paris) verbrachte viele Ferien in der Bretagne. Sie entdeckte mit ihrem ersten Mann Willy »das Salz, den Sand, die Algen, das duftende, feuchte Bett des Meeres, das kommt und geht, die wassertriefenden Fische« auf der Insel Belle-Ile-en-Mer. Mit ihrer Freundin Missy genoß sie die Freuden des Fischens in der Somme-Bucht in der Normandie. Ab 1910 verbrachte sie ihren Urlaub in Rozven, dem Haus, das ihr Missy in der nördlichen Bretagne geschenkt hatte, und gab sich der »maritimen Trunkenheit« hin: Sie sammelte Muscheln, angelte und badete »an einer heißen, duftenden Küste«, an einem »schwelgerisch schönen Ort, wo abends im Umkreis der Buchten ein Kranz von Leuchttürmen erstrahlt«.

Benoîte Groult (*1920 Paris) ging als kleines Kind mit ihrem Großvater auf Fischfang und verbringt seitdem jeden Sommer im südlichen Finistère. Der Atlantik ist für sie der Ort der Kindheitserinnerungen, in dem sie sich zu

Hause fühlt und zu dem sie jedes Jahr wiederkehrt, der Ort, wo sie Freude und Leidenschaft erlebte, Trennungen und Trauer, Krisen und Leid überwand. Die Handlung ihres Liebesromans *Salz auf unserer Haut* spielt sich in der Bretagne ab: die Geschichte einer Liebe zwischen einer Pariser Intellektuellen und einem bretonischen Fischer, die einzig in der erotischen Leidenschaft begründet ist. Fast alle Werke der Schriftstellerin, darunter ihre provokativen feministischen Essays, fangen mit einer Beschreibung der maritimen Landschaft an.

Undine Gruenter (*1952 Köln, †2002 Paris) lebte seit Ende der achtziger Jahre in Paris und verbrachte jedes Jahr mehrere Wochen in Trouville, in einem Haus am Hang über dem Meer. Ihre Vorbilder waren die Surrealisten und zwei mit dem Meer zutiefst verbundene Schriftstellerinnen, Virginia Woolf und die zuletzt in Trouville lebende Marguerite Duras. In ihren Erzählungen vom Badeort an der Normandie-Küste in der Nebensaison herrscht Öde und Melancholie. Nicht der Strand interessiert die Menschen, die beim Anblick des Meeres »nichts denken und nichts fühlen«. Für sie ist das Meer »kein Trost und kein Genuss«.

Marie Luise Kaschnitz (*1901 Karlsruhe, †1974 Rom) hatte ein »behütetes Leben« und verbrachte lange Reisejahre mit ihrem Mann in Frankreich, Griechenland und vor allem in Italien, wo sie das Meer lieben lernte. In ihren Gedichten besingt sie Menschen »die einen Meeressaum zur Heimat haben« und die »als Strandgut täglich die Ewigkeit« finden. »Nichts von Biographie«, schreibt sie, »Nur/Die Welle/Der Strand.«

Katherine Mansfield (*1888 Wellington/ Neuseeland, †1923 Fontainebleau), eine Meisterin der Kurzgeschichte, schrieb nach dem Tod ihres geliebten Bruders Leslie 1915 mehrere Erzählungen über die gemeinsame Kindheit in der Küstenstadt Wellington, darunter »Vorspiel« und »An der Bucht«, versuchte dabei ihre glückliche Kindheit literarisch einzufangen. So befassen sich ihre Neuseeland-Geschichten mit vielschichtigen Familiensituationen, meist aus der Sicht der Kinder; sie zeigen den Kontrast zwischen der harmonischen, unberührten Landschaft und der sozialen Wirklichkeit.

Annette Pehnt (*1967 Köln), die heute in Freiburg lebt, hat sich längere Zeit in Irland, Schottland und Kalifornien aufgehalten, verbrachte viel Zeit an verschiedenen Küsten, war auf Schiffen unterwegs und hat »viel Meer« erlebt. Ihr Roman *Insel 34,* von dem wir das erste Kapitel abdrucken, beschreibt die Flucht eines Mädchens und dessen Suche nach der Utopie.

Sylvia Plath (*1932 Boston, †1963 London), Tochter deutsch-österreichischer Einwanderer, wuchs an der Küste Massachusetts auf. Nach dem frühen Tod des Vaters 1940 – ein traumatisches Erlebnis für das Kind – zog die Familie von der Küste weg ins Landesinnere, nach Wellesley. In »Ocean 1212-W« wie in vielen Gedichten der US-amerikanischen Schriftstellerin ist das Meer mit der Vaterfigur verbunden, mit Geborgenheit und glücklichen Kindheitsmomenten. Die Trennungslinie zwischen Land und Meer wird aber auch als Grenze zwischen Leben und Tod erlebt.

Marina Zwetajewa (*1892 Moskau, †1941 Jelabuga) verbrachte in jungen Jahren einige Zeit in der Künstlerkolonie des Dichters Maximilian Woloschin, »in seinem wunderbaren rauen Koktebel« am Schwarzen Meer – eine Quelle der Inspiration, die in ihren Gedichten (u.a. in »Gruß vom Meer«) und in ihrer Prosa (»Mein Puschkin«) zum Ausdruck kommt. Die Lyrikerin hatte ein tragisches, leidenschaftliches Leben – gekennzeichnet von Armut, Exil und Verbannung –, das sie mit dem Freitod beendete. Liebe, Tod, Einsamkeit und Kunst sind die immer wiederkehrenden Themen ihres Werkes.

Die Herausgeberin **Florence Hervé** (*1944) ist promovierte Germanistin. Die Autorin (zuletzt *Frauen und das Meer*, Hildesheim 2004), Dozentin, Herausgeberin (u.a. des Kalenders *Wir Frauen)* und Journalistin lebt in Düsseldorf und im bretonischen Finistère.

Quellen

Anna Achmatowa, Mit dem Morgengrauen erwachen, aus: Anna Achmatowa, Ein niedagewesener Herbst, Gedichte. Deutsch von Sarah Kirsch und Rainer Kirsch, Verlag Volk und Welt, Berlin 1973, S. 15

Rose Ausländer, Auf einer Insel, aus: Rose Ausländer, Wieder ein Tag aus Glut und Wind. Gedichte 1980-1982 © S. Fischer Verlag GmbH, Frankfurt am Main 1986

Ingeborg Bachmann, Die große Fracht, aus: Ingeborg Bachmann, Werke, Band 1 © Piper Verlag GmbH, München 1978

Gioconda Belli, Im Aquarium der Liebe, aus: Gioconda Belli, Zauber gegen die Kälte © Peter Hammer Verlag, Wuppertal 1992

Colette, Am Strand, aus: Colette, Les Vrilles de la Vigne, Paris 1908. Aus dem Französischen von Rosali und Saskia Bontjes van Beek © der Übersetzung edition ebersbach 2004

Benoîte Groult, Die Silbermöwe, aus: Benoîte Groult, Vue sur mer, Nouvelles, Éditions joca seria, Atelier de création du grand ouest radio France, Nantes 1998. Aus dem Französischen von Florence Hervé © der Übersetzung edition ebersbach 2004

Undine Gruenter, Aussicht mit Haarnadeln, aus: Undine Gruenter, Sommergäste in Trouville © Carl Hanser Verlag, München-Wien 2003

Marie Luise Kaschnitz, Am Strande, aus: Marie Luise Kaschnitz, Überallnie. Ausgewählte Gedichte 1928-1965 © Claassen Verlag 1965

Katherine Mansfield, Flitterwochen, aus: Katherine Mansfield, Das Taubennest. Erzählungen, herausgegeben und übersetzt von Elisabeth Schnack © Büchergilde Gutenberg 1980

Sylvia Plath, Ocean 1212-W, aus: Sylvia Plath, Die Bibel der Träume © Frankfurter Verlagsanstalt, Frankfurt 1987

Annette Pehnt, Kapitel 1, aus: Annette Pehnt, Insel 34 © Piper Verlag, München 2003

Marina Zwetajewa, Einen schuf er aus Stein, aus: Marina Zwetajewa, Ausgewählte Werke, Bd. 1, Lyrik, Verlag Volk und Welt, Berlin 1989

Bildnachweis

Cover: © ullstein bild

Vor- und Nachsatz: © Katharina Mayer

Alle übrigen: © Martin Graf

blue notes – *die Reihe mit den spannenden Zwischentönen im Konzert der Bücher*

Unda Hörner
Auf nach Hiddensee!
Die Bohème macht Urlaub

blue notes 17, 128 Seiten, Abb., Halbleinen
ISBN 978-3-934703-60-5

Keine andere deutsche Insel war ein so starker Magnet für Freiheitssuchende und -liebende. Der Großstadt entflohen, fanden hier Dichter und Dichterinnen, Architekten, Schauspielerinnen und Schauspieler und ihre gesamte Bagage Zeit und Muße, ihre Ideale in die Tat umzusetzen.

Ein besonderes, ein maritimes Kapitel der Geschichte der Avantgarde und zugleich ein kompetenter Leitfaden für Spaziergänger auf Hiddensee, die dort den Spuren berühmter Frauen und Männer nachgehen.

Ruth Wyneken (Hg.)
Ein Fisch vergießt keine Tränen

Russische Erzählungen rund ums Meer
blue notes 27, 128 Seiten, Halbleinen
ISBN 978-3-938740-02-6

Das Meer gilt für russische Erzähler als Bild der untergründigen, rätselhaften Strömungen der menschlichen Seele, aber auch als wichtiges Symbol der Freiheit und Hoffnung oder, in seiner Umkehrung als gefrorenes Wasser, als Bild der Unfreiheit und Stagnation. Ruth Wyneken versammelt in ihrer Anthologie Erzählungen und Gedichte von Brodsky über Lermontov und Makine bis zu Puschkin, Solschenizyn und Tschechow.

blue notes – *die Reihe mit den spannenden Zwischentönen im Konzert der Bücher*

Birgit Haustedt
Die wilden Jahre in Berlin

Eine Klatsch- und Kulturgeschichte der Frauen
blue notes 50, 144 Seiten, Abb., Halbleinen
ISBN 978-3-86915-067-3

Ein faszinierendes Porträt der Frauen, die Berlin sein unvergleichliches Gesicht gaben: Anita Berber, Marlene Dietrich, Helen Hessel, Else Lasker-Schüler, Claire Waldoff u.a.m.
Selbstbewusst und lebenshungrig, mit Bubikopf und Zigarette stürmten sie die letzten Männerdomänen und verfolgten unbeirrbar ihre künstlerischen Ziele. Abseits der gängigen Pfade schrieben sie ihr eigenes Stück Kulturgeschichte.

„Eine rasante Bilanz weiblicher Kunst und Kultur im Berlin der 20er Jahre."   *Brigitte*

Heike Herrberg / Heidi Wagner
Wiener Melange

Frauen zwischen Salon und Kaffeehaus
blue notes 53, 144 Seiten, Abb., Halbleinen
ISBN 978-3-86915-093-2

Wien in den 1920er und frühen 1930er Jahren – eine aufregende weibliche Epoche in Literatur, Fotografie, Musik und Tanz. Wie nie zuvor gestalten Frauen das kulturelle Leben der österreichischen Hauptstadt in der Ersten Republik.
Hier sind für sie viele Lebensmodelle möglich, die sie mit viel Phantasie, Inspiration, Mut und Begeisterung leben.

„Eine kurzweilige Lektüre und zugleich eine herrliche Verführung, sich ins vergangene Jahrhundert aufzumachen."   *Literaturhaus Wien*

Die Schreibweise der abgedruckten Texte folgt der alten deutschen Rechtschreibung.

2. Auflage
© 2004 edition ebersbach
Bozener Str. 19, 10825 Berlin
www.edition-ebersbach.de
Satz- und Umschlaggestaltung: Verlag Die Werkstatt, Göttingen
Druck und Bindung: Westermann Druck Zwickau

Alle Rechte vorbehalten
Printed in Germany
ISBN 978-3-934703-71-1